Deine exklusiven Vorteile auf einen Blick

Das Rundum-Sorglos-Paket: Unsere Online-Testtrainer enthalten alle wichtigen Bereiche und Materialien, die du für deine Prüfung benötigst.

Kein Abo: Unser Versprechen für dich: Dir entstehen keine Zusatzkosten. Mit dem Kauf deines Paketes bekommst du Zugriff auf deinen Kurs. Und zwar ein Leben lang und auf so vielen Geräten, wie du willst!

Erstklassiger Support: Das TestHelden-Team steht dir natürlich für Fragen zur Verfügung. Du kannst uns per Discord, Whatsapp oder per E-Mail erreichen.

Immer auf dem neusten Stand: Dein Testtrainer aktualisiert sich automatisch. Alle Inhalte werden regelmäßig ergänzt und überarbeitet.

Unabhängig lernen: Egal auf Tablet, Computer oder Smartphone – dein Testtrainer ist immer zur Stelle, wenn du ihn brauchst. Du kannst rund um die Uhr lernen und alle Aufgaben so oft üben, wie du möchtest.

Lebendige und exklusive Community: Als TestHelden-Kunde bist du Teil unserer großartigen Community. Du kannst mit anderen Absolventen ins Gespräch kommen, dich austauschen und Erfahrungen und Materialien teilen.

Bergeweise Fragen und Materialien: Dein Testtrainer enthält tausende Aufgaben aus allen wichtigen Bereichen. Neben Artikeln und Tests stehen dir auch zahlreiche professionelle Erklär- und Lernvideos zur Verfügung. Vorbereiten war nie einfacher!

In fünf Schritten zum bestandenen Test!

Bestell dir jetzt dein passendes Buch!
Wenn du dein Buch in den Händen hältst, dann hast du den ersten Schritt schon geschafft. Du hast ein passendes Produkt für dich gefunden und bist bereit, mit deiner Vorbereitung zu starten.

Erkunde das Buch.
Das Buch enthält eine Reihe von Kapiteln, um dich zu unterstützen. Es lohnt sich, einfach ein wenig in den Kapiteln zu stöbern.

Löse deinen Gutscheincode ein und lade die App herunter!
Mit dem Kauf dieses Buches hast du automatisch auch einen Gutschein für unseren Online-Testtrainer erhalten. Den Gutschein und eine Anleitung findest du am Ende des Buches. Mit dem Online-Testtrainer kannst du per App oder Website digital lernen – wann und wo du willst. Der Testtrainer aktualisiert sich automatisch, wenn sich im Testverfahren etwas ändert. Du bist also immer auf dem neusten Stand! Genial, oder?

Finde Lernpartner und lerne unsere Community kennen!
Austausch ist der Schlüssel für erfolgreiches Lernen. Deshalb haben wir für dich eine Community gegründet – wahlweise direkt bei uns im Forum oder auf unserem Discord-Server. In der Community kannst du dich mit anderen Menschen austauschen, vernetzen und ins Gespräch kommen.

Starte dein Online-Training
Bereit zum Durchstarten? Beginne dein digitales Training per App oder Website. Unsere Community und das TestHelden-Team steht dir bei Fragen jederzeit zur Verfügung. Wir freuen uns auf dich!

Polizei Österreich Einstellungstest 2023 bestehen – Buch + Online Testtrainer

Trainiere mit dem TestHelden Online-Testtrainer inkl. App in +5.000 Aufgaben mit Lösungen, was dich im Auswahlverfahren erwartet und meistere deinen Test

Herausgeber:
eHEROES GmbH
Vertretungsberechtigter Geschäftsführer:
Tom Wenk
Sitz: D-08412 Werdau,
August-Bebel-Straße 3

1. Auflage

Weitere Kontaktinformationen:
https://testhelden.com

E-Mail: support@testhelden.com
WhatsApp/Telefon: +49 173 72 680 05
YouTube: @TestHelden
Instagram: @TestHelden.Official
Pinterest: @TestHelden
FaceBook: @TestHelden

© eHEROES GmbH, 08412 Werdau
Alle Rechte vorbehalten. Das Werk, einschließlich aller seiner Inhalte, ist urheberrechtlich geschützt und dürfen nur mit schriftlicher Genehmigung des Verlages vervielfältigt werden. Dies gilt insbesondere für Übersetzungen und die Einspeicherung bzw. Verarbeitung in elektronischen Systemen.

Die Inhalte in diesem Buch sind von der eHEROES GmbH sorgfältig geprüft worden. Dennoch wird die Haftung der Autoren bzw. der eHEROES GmbH und seiner Beauftragten für Vermögens-, Sach- und Personenschäden ausgeschlossen. Es wird keine Garantie übernommen.

ISBN: 978-3-98817-269-3
Verlagsnummer: 978-3-98540

Inhalt

Übungsmaterialien **8**

Übung: Fachwissen Polizei Österreich *9*
    Aufgaben 10
    Lösungen 15
    Selbsteinschätzung 18

Übung: Politik Österreich *19*
    Aufgaben 20
    Lösungen 25
    Selbsteinschätzung 28

Übung: Rechenoperationen *29*
    Aufgaben 30
    Lösungen 35
    Selbsteinschätzung 38

Übung: Bruchrechnung *39*
    Aufgaben 40
    Lösungen 45
    Selbsteinschätzung 48

Übung: Prozentrechnung *49*
    Aufgaben 50
    Lösungen 55
    Selbsteinschätzung 57

Übung: Zinsrechnung *58*
    Aufgaben 59
    Lösungen 66
    Selbsteinschätzung 69

Übung: Gleichungen lösen *70*
    Aufgaben 71
    Lösungen 77
    Selbsteinschätzung 80

Übung: Klammerrechnung *81*
    Aufgaben 82
    Lösungen 87
    Selbsteinschätzung 91

Übung: Dreisatz *92*
    Aufgaben 93
    Lösungen 99
    Selbsteinschätzung 103

Übung: Ergebnisse schätzen *104*
    Aufgaben 105
    Lösungen 110
    Selbsteinschätzung 113

Übung: Tempo-Rechnen *114*
    Aufgaben 115
    Lösungen 122
    Selbsteinschätzung 125

Übung: Maße und Einheiten *126*
    Aufgaben 127

Lösungen	132
Selbsteinschätzung	136
Übung: Geometrie	*137*
Aufgaben	138
Lösungen	145
Selbsteinschätzung	148
Übung: Zahlenreihe	*149*
Aufgaben	150
Lösungen	156
Selbsteinschätzung	159
Übung: Sprachanalogien	*160*
Aufgaben	161
Lösungen	166
Selbsteinschätzung	169
Übung: Textaufgaben	*170*
Aufgaben	171
Lösungen	176
Selbsteinschätzung	179
Übung: Wörter ermitteln	*180*
Aufgaben	181
Lösungen	186
Selbsteinschätzung	188
Übung: Schlussfolgerungen	*189*
Aufgaben	190
Lösungen	196
Selbsteinschätzung	199
Übung: Zahnrad	*200*
Aufgaben	201
Lösungen	208
Selbsteinschätzung	211
So schaltest du deinen Online-Testtrainer frei	**212**

Übrigens: Das sind nur einige der Themen, die dir in diesem Trainingspaket zur Verfügung stehen. Mit dem Kauf dieses Buches erhältst du exklusiv tausende weitere Übungen zu vielen spannenden Themengebieten.

Eine Anleitung dazu, wie du diese Inhalte freischalten kannst, findest du auf den hinteren Seiten des Buches.

Übungsmaterialien

Übung: Fachwissen Polizei Österreich

Darum geht es in dieser Übung: In diesem Themenbereich werden allgemeine Fakten zur Organisation, Strukturen und Geschichte der Polizei in Österreich abgefragt. Dein Lernziel ist es, den Aufbau und die Aufgaben der Polizei zu verstehen.

Tipp: Wie immer kannst du diese Seite hier nutzen, um dir einige Notizen zu machen. Du kannst zum Beispiel festhalten, welche Erwartungen du an den Test hast, was dir beim Üben aufgefallen ist oder was dir besonders schwer oder leicht gefallen ist.

Deine Notizen:

Aufgaben

Frage 1:

BH ist die Abkürzung für _____?

- ☐ A: Bundeshauptmann
- ☐ B: Bezirkshauptmann
- ☐ C: Bezirkshauptmannschaft
- ☐ D: Bundeshauptmannschaft

Frage 2:

Die Landespolizeidirektion fungiert als?

- ☐ A: Legislativdienst
- ☐ B: Judikativdienst
- ☐ C: Exekutivdienst
- ☐ D: Sicherheitsmann

Frage 3:

Als Einstellungsvoraussetzung müssen Männer _____?

- ☐ A: Mindestens 1,70m groß sein
- ☐ B: Mindestens 1,65m groß sein
- ☐ C: Den ordentlichen Grundwehrdienst- oder Zivildienst abgeleistet haben
- ☐ D: Vorweisen, dass sie keine Schulden haben

Frage 4:

WEGA steht für?

- ☐ A: Wiener Einsatzgruppe Alarmabteilung
- ☐ B: Wiener Einsatzleitung Generalasset
- ☐ C: Wiener Exekutivgesetzabteilung
- ☐ D: Wiener Einsatzkommando der Generalabteilung

Frage 5:

ÖBRD steht für?

- A: Österreichischer Bund für rechtlichen Dienst
- B: Österreichischer Bergrettungsdienst
- C: Österreichischer Beamter für rechtlichen Dienst
- D: Österreichischer Bezirksrechtsdienst

Frage 6:

Als Berufsausbildung hat ein Bezirkshauptmann ein/eine _____ vorzuweisen.

- A: Bundespolizeiausbildung
- B: Polizeiausbildung
- C: Polizeistudium
- D: Jurastudium

Frage 7:

LPD ist die Abkürzung wofür?

- A: Landespolizeidirektion
- B: Leiter der Polizeidirektion
- C: Landespolizeidienst
- D: Landespersonaldirektion

Frage 8:

In welcher Stadt ist die Landespolizeidirektion 1. Instanz als Sicherheitsbehörde?

- A: Krems
- B: Waidhofen
- C: Innsbruck
- D: Lienz

Frage 9:

Wie viele Stützpunkte betreibt die Österreichische Flugpolizei?

- A: 5
- B: 3
- C: 4
- D: 8

Frage 10:

Für welche Landespolizeidirektion ist keine Sicherheits- und Verwaltungspolizeiliche Abteilung eingerichtet?

- A: Linz
- B: Innsbruck
- C: Vorarlberg
- D: Wien

Frage 11:

Gesetzlich sind die Landespolizeidirektionen als ____ definiert.

- A: Sicherheitsdirektion
- B: Sicherheitsbehörden
- C: Landespolizeikommando
- D: Bundespolizeidirektion

Frage 12:

Als gesetzliche Vorraussetzung für eine Ausbildung gilt _____?

- A: Die EU-Bürgerschaft
- B: Die Österreichische Staatsbürgerschaft
- C: Die volle Handlungsfähigkeit, was bedeutet man muss bei Beginn der Ausbildung 18 sein
- D: Dass man ein höheres Schwimmabzeichen als "Fahrtenschwimmer" haben muss

Frage 13:

Was versteht man unter Egalisierung?

- A: Die farbige Kennzeichnung der Uniform bzw. Abzeichen
- B: Reglementierte Substanzen mit suchterzeugenden Eigenschaften
- C: Den Straftatbestand, der als Besitz von Drogen unter Strafe gestellt ist
- D: Behördliches Dokument bei Mängeln am Fahrzeug

Frage 14:

Was ist die Besonderheit eines Bezirkshauptmanns?

- A: Er trägt eine spezielle Uniform
- B: Fungiert unter bestimmten Bedingungen als Landeshauptmann
- C: Delegiert die Bezirkshauptmannschaft
- D: Ist nicht die Behörde selbst, sondern das ist die Bezirkshauptmannschaft

Frage 15:

EB steht für _____?

- A: Ehrenbürger
- B: Exekutivbediensteter
- C: Exekutivbewilligung
- D: Ehrenbeamter

Frage 16:

Was ist die wichtigste Augabe der LPD?

- A: Verfassungsschutz
- B: Landesverkehrsverwaltung
- C: Sicherheitsverwaltung
- D: Logistik

Frage 17:

Was zählt nicht zu den Kernaufgaben der Bundespolizei?

- ☐ A: Streifendienst
- ☐ B: Fahndung
- ☐ C: Passkontrolle
- ☐ D: Rechtssprechung

Frage 18:

Wann wurde die Gendarmerie gegründet?

- ☐ A: 1849
- ☐ B: 1700
- ☐ C: 2003
- ☐ D: 2013

Frage 19:

Ab wann gab es die erste Frau im Polizeidienst?

- ☐ A: 1909
- ☐ B: 1870
- ☐ C: 1960
- ☐ D: 1998

Frage 20:

Welcher Teil ist keine Aufgabe der SPG?

- ☐ A: Haftvollzugsverwaltung
- ☐ B: Strafbestimmungen
- ☐ C: Besonderer Rechtsschutz
- ☐ D: Organisation der Strafvollziehung

Lösungen

Aufgabe 1:

Korrekt ist hier C.

Aufgabe 2:

Korrekt ist hier C.

Aufgabe 3:

Korrekt ist hier C.

Aufgabe 4:

Korrekt ist hier A.

Aufgabe 5:

Korrekt ist hier B.

Aufgabe 6:

Korrekt ist hier D.

Aufgabe 7:

Korrekt ist hier A.

Aufgabe 8:

Korrekt ist hier C.

Aufgabe 9:

Korrekt ist hier D.

Aufgabe 10:

Korrekt ist hier C.

Aufgabe 11:

Korrekt ist hier B.

Aufgabe 12:

Korrekt ist hier B.

Aufgabe 13:

Korrekt ist hier A.

Aufgabe 14:

Korrekt ist hier C.

Aufgabe 15:

Korrekt ist hier B.

Aufgabe 16:

Korrekt ist hier C.

Aufgabe 17:

Korrekt ist hier D.

Aufgabe 18:

Korrekt ist hier A.

Aufgabe 19:

Korrekt ist hier A.

Aufgabe 20:

Korrekt ist hier D.

Selbsteinschätzung
Fachwissen Polizei Österreich

Auf dieser Seite kannst du deinen Lernfortschritt dokumentieren. Das hilft dir dabei, deinen Lernfortschritt zu reflektieren und ein Gefühl dafür zu bekommen, wie sicher du in diesem Themenbereich bereits bist.

Die Aufgaben dieses Tests fielen mir leicht.
○ Stimme gar nicht zu — ○ Stimme gar nicht zu — ○ Ich bin neutral — ○ Stimme eher zu — ○ Stimme voll zu

Die Aufgaben, bei denen ich mir sicher war, waren dann auch richtig.
○ Stimme gar nicht zu — ○ Stimme gar nicht zu — ○ Ich bin neutral — ○ Stimme eher zu — ○ Stimme voll zu

Ich habe die Aufgabenstellung immer gut verstanden.
○ Stimme gar nicht zu — ○ Stimme gar nicht zu — ○ Ich bin neutral — ○ Stimme eher zu — ○ Stimme voll zu

Ich war beim Lösen der Aufgaben schnell.
○ Stimme gar nicht zu — ○ Stimme gar nicht zu — ○ Ich bin neutral — ○ Stimme eher zu — ○ Stimme voll zu

Ich habe eine gute Strategie entwickelt, wie ich an die Aufgabe herangehen kann.
○ Stimme gar nicht zu — ○ Stimme gar nicht zu — ○ Ich bin neutral — ○ Stimme eher zu — ○ Stimme voll zu

TestHelden Discord-Community

Schon gewusst? Am besten lernt es sich gemeinsam. Deshalb bieten wir dir die Möglichkeit, dich mit Anderen zu vernetzen. Teile jetzt deine Ergebnisse in unserer Lerngruppe auf Discord und lass uns in den Austausch treten! Schreibe in deine Nacricht einfach das Stichwort "Lernfortschritt" und den Namen des Tests.

Zu unseren Lerngruppen geht es hier:
www.testhelden.com/discord

Übung: Politik Österreich

Darum geht es in dieser Übung: In diesem Themenbereich werden Fakten zur Politik und Gesellschaft in Österreich und der Europäischen Union (EU) abgefragt. Dein Lernziel ist es, dir ein grundlegendes Verständnis über die politischen Strukturen des Staates und der EU anzueignen.

> Tipp: Wie immer kannst du diese Seite hier nutzen, um dir einige Notizen zu machen. Du kannst zum Beispiel festhalten, welche Erwartungen du an den Test hast, was dir beim Üben aufgefallen ist oder was dir besonders schwer oder leicht gefallen ist.

🚀 Deine Notizen:

Aufgaben

Frage 1:

Wie lange dauert eine Amtszeit des Bundespräsidenten?

- ☐ A: 6 Jahre
- ☐ B: 5 Jahre
- ☐ C: 4 Jahre
- ☐ D: 2 Jahre

Frage 2:

Aus was besteht die Landesregierung?

- ☐ A: nur aus dem Volk
- ☐ B: Landeshauptmann, Stellvertreter, 6 Räte
- ☐ C: bestimmte Zahl von Ministern und Ministerinnen
- ☐ D: Regierungschef und Regierungschefin

Frage 3:

Wer ist (Stand 2021) derzeitiger Vizekanzler?

- ☐ A: Werner Kogler
- ☐ B: Jacob Stämpfli
- ☐ C: Constant Fornerod
- ☐ D: Josef Martin Knüsel

Frage 4:

Was ist eines der wichtigen Themen des österreichischen EU-Ratsvorsitzes?

- ☐ A: Der Nationalfeiertag Österreichs
- ☐ B: Sanierung des österreichischen Parlamentsgebäudes
- ☐ C: Sicherheit und Kampf gegen illegale Migration
- ☐ D: Die Zusammenarbeit mit Deutschland

TestHelden

Frage 5:

Welche Institution ist die wichtigste, die den Kärntner Landtag unterstützt?

- ☐ A: Polizei
- ☐ B: der Kärnter Landesrechnungshof
- ☐ C: Justiz
- ☐ D: Landesgerichtshof

Frage 6:

Wann hat Österreich das letzte Mal den EU-Ratsvorsitz übernommen?

- ☐ A: 2009
- ☐ B: 2006
- ☐ C: 1886
- ☐ D: 2018

Frage 7:

Wer ist 2021 der Bundespräsident von Österreich?

- ☐ A: Alexandar Van der Bellen
- ☐ B: Adrian Hasler
- ☐ C: Robert Abela
- ☐ D: Xavier Bettel

Frage 8:

Wer ist derzeitiger stellvertretender Landeshauptmann von Steiermark? (Stand 2021)

- ☐ A: Numa Droz
- ☐ B: Anton Lang
- ☐ C: Simeon Bavier
- ☐ D: Louis Ruchonnet

Frage 9:

Franz Vranitzky war von 1986 bis 1997 Bundeskanzler. Wer folgte ihm als Bundeskanzler?

- ☐ A: Wolfgang Schüssel
- ☐ B: Franz Jonas
- ☐ C: Viktor Klima
- ☐ D: Alfred Gusenbauer

Frage 10:

Was bedeutet die Neutralität für Österreich?

- ☐ A: keine Bündnisse mit anderen Ländern
- ☐ B: keine militärischen Bündnisse, keine Kriege beginnen
- ☐ C: kein Export von Waren nach anderen Ländern
- ☐ D: kein Import von Waren aus anderen Ländern

Frage 11:

Von wem wird der Nationalrat gewählt?

- ☐ A: Bundesrat
- ☐ B: Bundespräsident
- ☐ C: Bundeskanzler
- ☐ D: Vom Volk

Frage 12:

Seit wann ist Österreich in der EU?

- ☐ A: 1987
- ☐ B: 1991
- ☐ C: 1995
- ☐ D: 1996

Frage 13:

Wer ist derzeitiger Landeshauptmann von Steiermark? (Stand 2021)

- ☐ A: Joachim Heer
- ☐ B: Hermann Schützenhofer
- ☐ C: Bernhard Hammer
- ☐ D: Fridolin Anderwert

Frage 14:

Wer ist derzeitiger Bundesminister für Arbeit? (Stand 2021)

- ☐ A: Jakob Dubs
- ☐ B: Karl Schenk
- ☐ C: Emil Welti
- ☐ D: Martin Kocher

Frage 15:

Wer ist (stand 2021) der derzeitige Bundeskanzler?

- ☐ A: Karl Nehammer
- ☐ B: Mark Rutte
- ☐ C: Erna Solberg
- ☐ D: Brigitte Bierlein

Frage 16:

Zwischen 2004 und 2008 stammten gleich vier der Landeshauptleute aus dem selben Bundesland. Aus welchem?

- ☐ A: Niederösterreich
- ☐ B: Steiermark
- ☐ C: Oberösterreich
- ☐ D: Wien

Frage 17:

Von wem wird die Bundesgesetzgebung ausgeübt?

- ☐ A: wird vom Nationalrat ausgeübt
- ☐ B: wird vom Bundesrat ausgeübt
- ☐ C: wird vom Bundespräsidenten und vom Bundeskanzler ausgeübt
- ☐ D: wird vom Nationalrat und vom Bundesrat ausgeübt

Frage 18:

Wieviel Landtagsabgeordnete sitzen in Kärnten im Landtag?

- ☐ A: 26
- ☐ B: 30
- ☐ C: 34
- ☐ D: 36

Frage 19:

Wer war erster Bundespräsident der 2. Republik?

- ☐ A: Karl Renner
- ☐ B: Jonas Furrer
- ☐ C: Henry Druey
- ☐ D: Josef Munzinger

Frage 20:

Seit wann ist Österreich neutral?

- ☐ A: 1943
- ☐ B: 1955
- ☐ C: 1978
- ☐ D: 1989

Lösungen

Aufgabe 1:

Korrekt ist hier A.

Aufgabe 2:

Korrekt ist hier B.

Aufgabe 3:

Korrekt ist hier A.

Aufgabe 4:

Korrekt ist hier C.

Aufgabe 5:

Korrekt ist hier B.

Aufgabe 6:

Korrekt ist hier D.

Aufgabe 7:

Korrekt ist hier A.

Aufgabe 8:

Korrekt ist hier B.

Aufgabe 9:

Korrekt ist hier C.

Aufgabe 10:

Korrekt ist hier B.

Aufgabe 11:

Korrekt ist hier D.

Aufgabe 12:

Korrekt ist hier C.

Aufgabe 13:

Korrekt ist hier B.

Aufgabe 14:

Korrekt ist hier D.

Aufgabe 15:

Korrekt ist hier A.

Aufgabe 16:

Korrekt ist hier C.

Aufgabe 17:

Korrekt ist hier D.

Aufgabe 18:

Korrekt ist hier D.

Aufgabe 19:

Korrekt ist hier A.

Aufgabe 20:

Korrekt ist hier B.

Selbsteinschätzung
Politik Österreich - Test

Auf dieser Seite kannst du deinen Lernfortschritt dokumentieren. Das hilft dir dabei, deinen Lernfortschritt zu reflektieren und ein Gefühl dafür zu bekommen, wie sicher du in diesem Themenbereich bereits bist.

Die Aufgaben dieses Tests fielen mir leicht.
○ Stimme gar nicht zu — ○ Stimme gar nicht zu — ○ Ich bin neutral — ○ Stimme eher zu — ○ Stimme voll zu

Die Aufgaben, bei denen ich mir sicher war, waren dann auch richtig.
○ Stimme gar nicht zu — ○ Stimme gar nicht zu — ○ Ich bin neutral — ○ Stimme eher zu — ○ Stimme voll zu

Ich habe die Aufgabenstellung immer gut verstanden.
○ Stimme gar nicht zu — ○ Stimme gar nicht zu — ○ Ich bin neutral — ○ Stimme eher zu — ○ Stimme voll zu

Ich war beim Lösen der Aufgaben schnell.
○ Stimme gar nicht zu — ○ Stimme gar nicht zu — ○ Ich bin neutral — ○ Stimme eher zu — ○ Stimme voll zu

Ich habe eine gute Strategie entwickelt, wie ich an die Aufgabe herangehen kann.
○ Stimme gar nicht zu — ○ Stimme gar nicht zu — ○ Ich bin neutral — ○ Stimme eher zu — ○ Stimme voll zu

---

TestHelden Discord-Community

Schon gewusst? Am besten lernt es sich gemeinsam. Deshalb bieten wir dir die Möglichkeit, dich mit Anderen zu vernetzen. Teile jetzt deine Ergebnisse in unserer Lerngruppe auf Discord und lass uns in den Austausch treten! Schreibe in deine Nacricht einfach das Stichwort "Lernfortschritt" und den Namen des Tests.

Zu unseren Lerngruppen geht es hier:
www.testhelden.com/discord

Übung: Rechenoperationen

Darum geht es in dieser Übung: In diesem Themenbereich erhältst du Aufgaben zu den Rechenoperationen Addieren (+), Subtrahieren (-), Multiplizieren (*) und Dividieren (:). Dein Lernziel ist es, diese Rechenoperationen zu beherrschen.

Tipp: Wie immer kannst du diese Seite hier nutzen, um dir einige Notizen zu machen. Du kannst zum Beispiel festhalten, welche Erwartungen du an den Test hast, was dir beim Üben aufgefallen ist oder was dir besonders schwer oder leicht gefallen ist.

🚀 Deine Notizen:

Aufgaben

Frage 1:

Welche Rechenoperation fehlt?
12 ___ 6 = 72

- A: " + "
- B: " - "
- C: " * "
- D: " : "

Frage 2:

Welche Rechenoperation fehlt?
(5 + 11) * 20 ___ 10 = 32

- A: " + "
- B: " - "
- C: " * "
- D: " : "

Frage 3:

Welche Rechenoperation fehlt?
125 : 5 - 2 + 9 ___ 7 = 86

- A: " + "
- B: " - "
- C: " * "
- D: " : "

Frage 4:

Welche Rechenoperation fehlt?
87 * 3 ___ 4 = 65,25

- A: " + "
- B: " - "
- C: " * "
- D: " : "

Frage 5:

Welche Rechenoperation fehlt?
7 * (5 ___ 3) : 2 * 23 = 161

- ☐ A: " + "
- ☐ B: " - "
- ☐ C: " * "
- ☐ D: " : "

Frage 6:

Welche Rechenoperation fehlt?
17 : 2 * 20 ___ 19 = 151

- ☐ A: " + "
- ☐ B: " - "
- ☐ C: " * "
- ☐ D: " : "

Frage 7:

Welche Rechenoperation fehlt?
80 + 12 ___ 3 = 116

- ☐ A: " + "
- ☐ B: " - "
- ☐ C: " * "
- ☐ D: " : "

Frage 8:

Welche Rechenoperation fehlt?
72 : 2 * (6 ___ 3) = 648

- ☐ A: " + "
- ☐ B: " - "
- ☐ C: " * "
- ☐ D: " : "

Frage 9:

Welche Rechenoperation fehlt?
89 ___ 725 = 814

- ☐ A: " + "
- ☐ B: " - "
- ☐ C: " * "
- ☐ D: " : "

Frage 10:

Welche Rechenoperation fehlt?
-6 + 176 ___ 1350 : 30 = 125

- ☐ A: " + "
- ☐ B: " - "
- ☐ C: " * "
- ☐ D: " : "

Frage 11:

Welche Rechenoperation fehlt?
19 * 7 ___ 126 = 7

- ☐ A: " + "
- ☐ B: " - "
- ☐ C: " * "
- ☐ D: " : "

Frage 12:

Welche Rechenoperation fehlt?
7623 ___ 3924 * 1,5 = 1737

- ☐ A: " + "
- ☐ B: " - "
- ☐ C: " * "
- ☐ D: " : "

Frage 13:

Welche Rechenoperation fehlt?
77 : 7 ___ 5 * 13 = -54

☐ A: " + "
☐ B: " - "
☐ C: " * "
☐ D: " : "

Frage 14:

Welche Rechenoperation fehlt?
(55 + 45) ___ 60 * 4 = 6,6

☐ A: " + "
☐ B: " - "
☐ C: " * "
☐ D: " : "

Frage 15:

Welche Rechenoperation fehlt?
129 ___ 23 * 4 = 37

☐ A: " + "
☐ B: " - "
☐ C: " * "
☐ D: " : "

Frage 16:

Welche Rechenoperation fehlt?
35 * 15 : 2 ___ 3,5 = 266

☐ A: " + "
☐ B: " - "
☐ C: " * "
☐ D: " : "

Frage 17:

Welche Rechenoperation fehlt?
30 * 9 : 15 ___ 12 = 30

- ☐ A: " + "
- ☐ B: " - "
- ☐ C: " * "
- ☐ D: " : "

Frage 18:

Welche Rechenoperation fehlt?
1 + 1 ___ 1 * 2 = 3

- ☐ A: " + "
- ☐ B: " - "
- ☐ C: " * "
- ☐ D: " : "

Frage 19:

Welche Rechenoperation fehlt?
100 : 40 ___ 14 = 35

- ☐ A: " + "
- ☐ B: " - "
- ☐ C: " * "
- ☐ D: " : "

Frage 20:

Welche Rechenoperation fehlt?
86 - 17 ___ 3 - 54 = -19

- ☐ A: " + "
- ☐ B: " - "
- ☐ C: " * "
- ☐ D: " : "

Lösungen

Aufgabe 1:

Korrekt ist hier C.

Aufgabe 2:

Korrekt ist hier D.

Aufgabe 3:

Korrekt ist hier C.

Aufgabe 4:

Korrekt ist hier D.

Aufgabe 5:

Korrekt ist hier B.

Aufgabe 6:

Korrekt ist hier B.

Aufgabe 7:

Korrekt ist hier C.

Aufgabe 8:

Korrekt ist hier C.

Aufgabe 9:

Korrekt ist hier A.

Aufgabe 10:

Korrekt ist hier B.

Aufgabe 11:

Korrekt ist hier B.

Aufgabe 12:

Korrekt ist hier B.

Aufgabe 13:

Korrekt ist hier B.

Aufgabe 14:

Korrekt ist hier D.

Aufgabe 15:

Korrekt ist hier B.

Aufgabe 16:

Korrekt ist hier A.

Aufgabe 17:

Korrekt ist hier A.

Aufgabe 18:

Korrekt ist hier C.

Aufgabe 19:

Korrekt ist hier C.

Aufgabe 20:

Korrekt ist hier C.

Selbsteinschätzung
Rechenoperationen - Test

Auf dieser Seite kannst du deinen Lernfortschritt dokumentieren. Das hilft dir dabei, deinen Lernfortschritt zu reflektieren und ein Gefühl dafür zu bekommen, wie sicher du in diesem Themenbereich bereits bist.

Die Aufgaben dieses Tests fielen mir leicht.
○ Stimme gar nicht zu — ○ Stimme gar nicht zu — ○ Ich bin neutral — ○ Stimme eher zu — ○ Stimme voll zu

Die Aufgaben, bei denen ich mir sicher war, waren dann auch richtig.
○ Stimme gar nicht zu — ○ Stimme gar nicht zu — ○ Ich bin neutral — ○ Stimme eher zu — ○ Stimme voll zu

Ich habe die Aufgabenstellung immer gut verstanden.
○ Stimme gar nicht zu — ○ Stimme gar nicht zu — ○ Ich bin neutral — ○ Stimme eher zu — ○ Stimme voll zu

Ich war beim Lösen der Aufgaben schnell.
○ Stimme gar nicht zu — ○ Stimme gar nicht zu — ○ Ich bin neutral — ○ Stimme eher zu — ○ Stimme voll zu

Ich habe eine gute Strategie entwickelt, wie ich an die Aufgabe herangehen kann.
○ Stimme gar nicht zu — ○ Stimme gar nicht zu — ○ Ich bin neutral — ○ Stimme eher zu — ○ Stimme voll zu

TestHelden Discord-Community

Schon gewusst? Am besten lernt es sich gemeinsam. Deshalb bieten wir dir die Möglichkeit, dich mit Anderen zu vernetzen. Teile jetzt deine Ergebnisse in unserer Lerngruppe auf Discord und lass uns in den Austausch treten! Schreibe in deine Nacricht einfach das Stichwort "Lernfortschritt" und den Namen des Tests.

Zu unseren Lerngruppen geht es hier:
www.testhelden.com/discord

Übung: Bruchrechnung

Darum geht es in dieser Übung: In diesem Themenbereich erhältst du Aufgaben zu der Rechnung mit Brüchen. Dein Lernziel ist es zu verstehen, was ein Bruch ist und wie man die Rechenoperationen zwischen zwei Brüchen durchführt.

> Tipp: Wie immer kannst du diese Seite hier nutzen, um dir einige Notizen zu machen. Du kannst zum Beispiel festhalten, welche Erwartungen du an den Test hast, was dir beim Üben aufgefallen ist oder was dir besonders schwer oder leicht gefallen ist.

🚀 Deine Notizen:

Aufgaben

Frage 1:

Berechne den folgenden Bruch:
(5/8) - (2/4)

- ☐ A: 1/8
- ☐ B: 3/8
- ☐ C: 3/4
- ☐ D: 3/2

Frage 2:

Berechne den folgenden Bruch:
(1/8) x (2/7)

- ☐ A: 1/28
- ☐ B: 23/56
- ☐ C: 3/56
- ☐ D: 2/15

Frage 3:

Berechne den folgenden Bruch:
(5/2) / (2/3)

- ☐ A: 1/2
- ☐ B: 5/3
- ☐ C: 3
- ☐ D: 15/4

Frage 4:

Berechne den folgenden Bruch:
(1/2) + (3/4)

- ☐ A: 5/4
- ☐ B: 1
- ☐ C: 2/3
- ☐ D: 3/8

Frage 5:

Berechne den folgenden Bruch:
(3/4) x (3/8)

- A: 9/32
- B: 9/8
- C: 3/16
- D: 3/4

Frage 6:

Berechne den folgenden Bruch:
(9/4) - (2/3)

- A: 19/12
- B: 7/12
- C: 7
- D: 3/2

Frage 7:

Berechne den folgenden Bruch:
(11/12) - (1/3)

- A: 5/6
- B: 7/12
- C: 10/9
- D: 11/4

Frage 8:

Berechne den folgenden Bruch:
(7/3) + (5/10)

- A: 4/10
- B: 17/6
- C: 12/13
- D: 7/6

Frage 9:

Berechne den folgenden Bruch:
(14/6) + (7/3)

- A: 7/3
- B: 21/3
- C: 14/3
- D: 49/9

Frage 10:

Berechne den folgenden Bruch:
(7/3) / (8/7)

- A: 1/21
- B: 8/3
- C: 49/24
- D: 1/4

Frage 11:

Berechne den folgenden Bruch:
(5/6) - (2/3)

- A: 1/2
- B: 1
- C: 2/3
- D: 1/6

Frage 12:

Berechne den folgenden Bruch:
(13/6) / (8/5)

- A: 1/6
- B: 52/15
- C: 5
- D: 65/48

Frage 13:

Berechne den folgenden Bruch:
(4/5) - (4/6)

- A: 0
- B: 1
- C: 4
- D: 2/15

Frage 14:

Berechne den folgenden Bruch:
(5/8) x (4/5)

- A: 20/13
- B: 1/2
- C: 57/40
- D: 9/40

Frage 15:

Berechne den folgenden Bruch:
(6/7) / (1/2)

- A: 34/21
- B: 3/7
- C: 1
- D: 12/7

Frage 16:

Berechne den folgenden Bruch:
(1/2) x (3/4)

- A: 5/4
- B: 1/2
- C: 2/3
- D: 3/8

Frage 17:

Berechne den folgenden Bruch:
(9/3) + (2/4)

- A: 11/12
- B: 11/7
- C: 3/2
- D: 7/2

Frage 18:

Berechne den folgenden Bruch:
(9/3) x (2/4)

- A: 7/2
- B: 11/12
- C: 3/2
- D: 18/7

Frage 19:

Berechne den folgenden Bruch:
(14/6) x (7/3)

- A: 49/9
- B: 14/3
- C: 7/6
- D: 98/9

Frage 20:

Berechne den folgenden Bruch:
(9/3) / (3/4)

- A: 4
- B: 1/2
- C: 9/4
- D: 6

TestHelden

Lösungen

Aufgabe 1:

Korrekt ist hier A. (5/8)-(4/8) = (5-4)/8

Aufgabe 2:

Korrekt ist hier A. (1x2)/(8x7) = 2/56

Aufgabe 3:

Korrekt ist hier D. (5/2)x(3/2) = (5x3)/(2x2)

Aufgabe 4:

Korrekt ist hier A. (4/8)+(6/8) = (4+6)/8 = 10/8

Aufgabe 5:

Korrekt ist hier A. (3x3)/(4x8)

Aufgabe 6:

Korrekt ist hier A. (27/12)-(8/12) = (27-8)/12

Aufgabe 7:

Korrekt ist hier B. (11/12)-(4/12) = (11-4)/12

Aufgabe 8:

Korrekt ist hier B. (70/30)+(15/30) = (70+15)/30 = 85/30

Aufgabe 9:

Korrekt ist hier C. (14/6)+(14/6) = (14+14)/6 = 28/6

Aufgabe 10:

Korrekt ist hier C. (7/3)x(7/8) = (7x7)/(3x8)

Aufgabe 11:

Korrekt ist hier D. (5/6)-(4/6) = (5-4)/6

Aufgabe 12:

Korrekt ist hier D. (13/6)x(5/8) = (13x5)/(6x8)

Aufgabe 13:

Korrekt ist hier D. (24/30)-(20/30) = (24-20)/30 = 4/30

Aufgabe 14:

Korrekt ist hier B. (5x4)/(8x5) = 20/40

Aufgabe 15:

Korrekt ist hier D. (6/7)x(2/1) = (6x2)/(7x1)

Aufgabe 16:

Korrekt ist hier D. (1x3)/(2x4)

Aufgabe 17:

Korrekt ist hier D. (36/12)+(6/12) = (36+6)/12 = 42/12

Aufgabe 18:

Korrekt ist hier C. (9x2)/(3x4) = 18/12

Aufgabe 19:

Korrekt ist hier A. (14x7)/(6x3) = 98/18

Aufgabe 20:

Korrekt ist hier A. (9/3)x(4/3) = (9x4)/(3x3) = 36/9

Selbsteinschätzung
Bruchrechnung - Test

Auf dieser Seite kannst du deinen Lernfortschritt dokumentieren. Das hilft dir dabei, deinen Lernfortschritt zu reflektieren und ein Gefühl dafür zu bekommen, wie sicher du in diesem Themenbereich bereits bist.

Die Aufgaben dieses Tests fielen mir leicht.

○ Stimme gar nicht zu — ○ Stimme gar nicht zu — ○ Ich bin neutral — ○ Stimme eher zu — ○ Stimme voll zu

Die Aufgaben, bei denen ich mir sicher war, waren dann auch richtig.

○ Stimme gar nicht zu — ○ Stimme gar nicht zu — ○ Ich bin neutral — ○ Stimme eher zu — ○ Stimme voll zu

Ich habe die Aufgabenstellung immer gut verstanden.

○ Stimme gar nicht zu — ○ Stimme gar nicht zu — ○ Ich bin neutral — ○ Stimme eher zu — ○ Stimme voll zu

Ich war beim Lösen der Aufgaben schnell.

○ Stimme gar nicht zu — ○ Stimme gar nicht zu — ○ Ich bin neutral — ○ Stimme eher zu — ○ Stimme voll zu

Ich habe eine gute Strategie entwickelt, wie ich an die Aufgabe herangehen kann.

○ Stimme gar nicht zu — ○ Stimme gar nicht zu — ○ Ich bin neutral — ○ Stimme eher zu — ○ Stimme voll zu

TestHelden Discord-Community

Schon gewusst? Am besten lernt es sich gemeinsam. Deshalb bieten wir dir die Möglichkeit, dich mit Anderen zu vernetzen. Teile jetzt deine Ergebnisse in unserer Lerngruppe auf Discord und lass uns in den Austausch treten! Schreibe in deine Nacricht einfach das Stichwort "Lernfortschritt" und den Namen des Tests.

Zu unseren Lerngruppen geht es hier:
www.testhelden.com/discord

Übung: Prozentrechnung

Darum geht es in dieser Übung: In diesem Themenbereich erhältst du Aufgaben zu der Rechnung mit Prozenten. Dein Lernziel ist es, die Anteile in Form von Prozenten bezogen auf verschiedene Größen zu berechnen.

> Tipp: Wie immer kannst du diese Seite hier nutzen, um dir einige Notizen zu machen. Du kannst zum Beispiel festhalten, welche Erwartungen du an den Test hast, was dir beim Üben aufgefallen ist oder was dir besonders schwer oder leicht gefallen ist.

🚀 Deine Notizen:

Aufgaben

Frage 1:

Wie viel Prozent sind 33 von 66 ?

Deine Lösung:

✎ _____

Frage 2:

Wie viel sind 80 % von 120 ?

Deine Lösung:

✎ _____

Frage 3:

Wie viel Prozent sind 72 von 60 ?

Deine Lösung:

✎ _____

Frage 4:

3 sind 6%. Wie viel sind dann 100%?

Deine Lösung:

✎ _____

Frage 5:

18 sind 120%. Wie viel sind dann 100%?

Deine Lösung:

✎ _____

Frage 6:

15 sind 50%. Wie viel sind dann 100%?

Deine Lösung:

✎ _____

Frage 7:

Um wie viel Prozent muss man 50 erhöhen, um 200 zu erhalten?

Deine Lösung:

✎ _____

Frage 8:

Wieviel sind 15 % von 80 ?

Deine Lösung:

✎ _____

Frage 9:

36 sind 60% von welchem Gesamtwert?

Deine Lösung:

✎ _____

Frage 10:

Wie viel sind 30 % von 20 ?

Deine Lösung:

✎ _____

Frage 11:

Um wie viel Prozent muss man 50 erhöhen, um 55 zu erhalten?

Deine Lösung:

✎ _____

Frage 12:

Wie viel Prozent sind 75 von 25 ?

Deine Lösung:

✎ _____

Frage 13:

Um wie viel Prozent muss man 8 erhöhen, um 20 zu erhalten?

Deine Lösung:

✎ _____

Frage 14:

Um wie viel Prozent muss man 10 erhöhen, um 12 zu erhalten?

Deine Lösung:

✎ _____

Frage 15:

Wie viel sind 5 % von 720 ?

Deine Lösung:

✎ _____

Frage 16:

Um wie viel Prozent muss man 2 erhöhen, um 4 zu erhalten?

Deine Lösung:

✎ _____

Frage 17:

Wie viel Prozent sind 3 von 12 ?

Deine Lösung:

✎ _____

Frage 18:

Um wie viel Prozent muss man 48 erhöhen, um 60 zu erhalten?

Deine Lösung:

✎ _____

Frage 19:

Wie viel Prozent sind 12 von 60 ?

Deine Lösung:

✎ _____

Frage 20:

Wie viel Prozent sind 12 von 15 ?

Deine Lösung:

✎ _____

Lösungen

Aufgabe 1:
Die richtige Antwort ist: 50%, denn 33x100/66 = 33/66x100

Aufgabe 2:
Die richtige Antwort ist: 96, denn 80x120/100 = 8x12

Aufgabe 3:
Die richtige Antwort ist: 120%, denn 72x100/60 = 72/6x10

Aufgabe 4:
Die richtige Antwort ist: 50, denn 3x100/6 = 3/6x100

Aufgabe 5:
Die richtige Antwort ist: 15, denn 18x100/120 = 18/12x10

Aufgabe 6:
Die richtige Antwort ist: 30, denn 15x100/50 = 15/5x10

Aufgabe 7:
Die richtige Antwort ist: 300%, denn 200x100/50-100 = 20/5x100-100 = 400-100

Aufgabe 8:
Die richtige Antwort ist: 12, denn 15x80/100 = 1,5x8

Aufgabe 9:
Die richtige Antwort ist: 60, denn 36x100/60 = 36/6x10

Aufgabe 10:
Die richtige Antwort ist: 6, denn 30x20/100 = 3x2

Aufgabe 11:
Die richtige Antwort ist: 10%, denn 55x100/50-100 = 55/5x10-100 = 110-100

Aufgabe 12:
Die richtige Antwort ist: 300%, denn 75x100/25 = 75/25x100

Aufgabe 13:

Korrekt ist hier 150%. Zuerst berechnest du die absolute Erhöhung: 20-8 = 12. Die Zahl wurde also um 12 erhöht. Dann berechnest du den Anteil der absoluten Erhöhung am Grundwert, der hier 8 ist. (12 / 8 = 1,5) Die Zahl 1,5 musst du nur noch in Prozent umschreiben - 1,5 = 150%. Die Lösung ist also 150%.

Aufgabe 14:
Die richtige Antwort ist: 20%, denn 12x100/10-100 = 12x10-100 = 120-100

Aufgabe 15:
Die richtige Antwort ist: 36, denn 5x720/100 = 5x7,2

Aufgabe 16:
Die richtige Antwort ist: 100%, denn 4x100/2-100 = 4/2x100-100 = 200-100

Aufgabe 17:
Die richtige Antwort ist: 25%, denn 3x100/12 = 3/12x100

Aufgabe 18:
Die richtige Antwort ist: 25%, denn 60x100/48-100 = 60/48x100-100 = 125-100

Aufgabe 19:
Die richtige Antwort ist: 20%, denn 12x100/60 = 12/6x10

Aufgabe 20:
Die richtige Antwort ist: 80%, denn 12x100/15 = 120/15x10

Selbsteinschätzung
Prozentrechnung - Test

Auf dieser Seite kannst du deinen Lernfortschritt dokumentieren. Das hilft dir dabei, deinen Lernfortschritt zu reflektieren und ein Gefühl dafür zu bekommen, wie sicher du in diesem Themenbereich bereits bist.

Die Aufgaben dieses Tests fielen mir leicht.

○ Stimme gar nicht zu — ○ Stimme gar nicht zu — ○ Ich bin neutral — ○ Stimme eher zu — ○ Stimme voll zu

Die Aufgaben, bei denen ich mir sicher war, waren dann auch richtig.

○ Stimme gar nicht zu — ○ Stimme gar nicht zu — ○ Ich bin neutral — ○ Stimme eher zu — ○ Stimme voll zu

Ich habe die Aufgabenstellung immer gut verstanden.

○ Stimme gar nicht zu — ○ Stimme gar nicht zu — ○ Ich bin neutral — ○ Stimme eher zu — ○ Stimme voll zu

Ich war beim Lösen der Aufgaben schnell.

○ Stimme gar nicht zu — ○ Stimme gar nicht zu — ○ Ich bin neutral — ○ Stimme eher zu — ○ Stimme voll zu

Ich habe eine gute Strategie entwickelt, wie ich an die Aufgabe herangehen kann.

○ Stimme gar nicht zu — ○ Stimme gar nicht zu — ○ Ich bin neutral — ○ Stimme eher zu — ○ Stimme voll zu

Schon gewusst? Am besten lernt es sich gemeinsam. Deshalb bieten wir dir die Möglichkeit, dich mit Anderen zu vernetzen. Teile jetzt deine Ergebnisse in unserer Lerngruppe auf Discord und lass uns in den Austausch treten! Schreibe in deine Nacricht einfach das Stichwort "Lernfortschritt" und den Namen des Tests.

Zu unseren Lerngruppen geht es hier:
www.testhelden.com/discord

Übung: Zinsrechnung

Darum geht es in dieser Übung: In diesem Themenbereich erhältst du Aufgaben zu der Rechnung mit Zinsen. Dein Lernziel ist es, die Funktion und Berechnung von Zinsen zu verstehen.

> Tipp: Wie immer kannst du diese Seite hier nutzen, um dir einige Notizen zu machen. Du kannst zum Beispiel festhalten, welche Erwartungen du an den Test hast, was dir beim Üben aufgefallen ist oder was dir besonders schwer oder leicht gefallen ist.

🚀 Deine Notizen:

Aufgaben

Frage 1:

Frau Müller hat eine Wertanlage über 12.200 € und einem Zinssatz von 3,2%. Die Zinsen werden jedes Jahr ausbezahlt, sodass kein Zinseszins anfällt. Wie viele Zinsen hat Frau Müller nach 2 Jahren durch die Wertanlage bekommen?

Deine Lösung:

✎ _____

Frage 2:

Kunigunde benötigt dringend 760 € und muss dafür einen Kredit mit schlechtem Zinssatz aufnehmen. Durch den schlechten Zinssatz werden bereits nach zwei Monaten und 20 Tagen 21,28 € fällig. Wie hoch ist der Zinssatz?

Deine Lösung:

✎ _____

Frage 3:

Timmy hat sich Geld von seiner großen Schwester geliehen. Die Schwester veranschlagt einen Zinssatz von 12%. Nach 10 Monaten kann Timmy das Geld zurückzahlen, wobei 12 € Zinsen fällig werden. Wie viel Euro hatte sich Timmy geliehen?

Deine Lösung:

✎ _____

Frage 4:

Herr Jacob baut eine Garage und muss dafür ein Darlehen mit einem Zinssatz von 6,4% aufnehmen. Nach 3 Monaten und 20 Tagen belaufen sich die Zinsen auf bereits 440 €. Wie hoch ist das Darlehen?

Deine Lösung:

✎ _____

Frage 5:

Herr Meyer legt 15.400 € mit einem Zinssatz von 8,5% an. Wie viele Zinsen hat er bereits nach 6 Monaten?

Deine Lösung:

✎ _____

Frage 6:

Yvonne borgt sich 24 €. Da sie das Geld dringend brauchte, akzeptierte sie einen Zinssatz von 12%. Als sie das Geld zurückzahlt, musste sie zusätzlich 1 € als Zinsen zahlen. Nach welcher Zeitspanne hat sie das Geld zurückgezahlt?

- ☐ A: 4 Monate 5 Tage
- ☐ B: 5 Monate 5 Tage
- ☐ C: 3 Monate 5 Tage
- ☐ D: 6 Monate 4 Tage

Frage 7:

Anna hat 6.400 € gespart und es auf die Bank "Sparfuchs" eingezahlt. Eigentlich wollte sie erst nach einem Jahr nach ihren Zinsen schauen, aber nach 11 Monaten und 15 Tagen ist sie schwach geworden. Zu diesem Zeitpunkt hatte sie 239,20 € Zinsen. Zu welchem Zinssatz hat Anna ihr Geld angelegt?

Deine Lösung:

_____

Frage 8:

Es werden 3.200 € zu 5,5% angelegt. Wie hoch ist der Zins nach 4 Monaten und 15 Tagen?

Deine Lösung:

_____

Frage 9:

Für einen Kredit über 9.800 € fallen nach 8 Monaten 352,80 € Zinsen an. Wie hoch ist der Zinssatz des Kredites?

Deine Lösung:

_____

Frage 10:

Wolfgang hat einen Kredit über 2.400 € aufgenommen und muss nach einem Jahr 2560,80 € zurückzahlen. Wie hoch ist der Zinssatz des Kredites?

Deine Lösung:

_____

Frage 11:

Eine Geldanlage mit 5% Zinsen erzielt nach acht Monaten und acht Tagen bereits Zinsen in Höhe von 124 €. Wie viel Euro wurden angelegt?

Deine Lösung:

✎ _____

Frage 12:

Für einen Gebrauchtwagen nimmt Helmut einen Kredit zu 8,2% Zinsen auf. Die Bank hat ein ungewöhnliches Abrechnungsintervall und so werden nach 2 Monaten und 6 Tagen 211,97 € Zinsen fällig. Welche Summe hat Helmut als Kredit aufgenommen?

Deine Lösung:

✎ _____

Frage 13:

Fritzchen borgt seinem kleinen Bruder 20 €. Nach 8 Tagen möchte er 1 € zusätzlich als Zinsen zurück haben. Welchen Zinssatz veranschlagt Fritzchen?

Deine Lösung:

✎ _____

Frage 14:

Für ein Darlehen mit einem Zinssatz von 2,8% belaufen sich die Zinsen nach 5 Monaten und 10 Tagen auf 42 €. Wie hoch ist das Darlehen?

Deine Lösung:

✎ _____

Frage 15:

Frau Rüdiger hatte einen Kredit über 5.500 € aufgenommen. Die Bank verlangte für den Kredit 10,5% Zinsen. Als sie den Kredit zurückzahlte, musste sie 192,50 € an Zinsen zahlen. Wie viel Monate waren vergangen?

☐ A: 3 Monate
☐ B: 5 Monate

☐ C: 4 Monate
☐ D: 9 Monate

Frage 16:

Wenn man für ein Darlehen in Höhe von 6.700 € nach einem Jahr 7202,50 € begleichen muss, wie hoch ist dann der Zinssatz?

Deine Lösung:

✎ _____

Frage 17:

Ein Kredit über 14.200 € wird zu 5,2% verzinst. Nach welchem Zeitraum fallen 516,88 € Zinsen an?

☐ A: 8 Monate 12 Tage
☐ B: 8 Monate 9 Tage
☐ C: 7 Monate 28 Tage
☐ D: 4 Monate 14 Tage

Frage 18:

Elsa benötigt dringend Geld und borgt sich bei einem Kredithai 825 € zu einem Zinssatz von 12%. Nach 1 Monat und 10 Tagen kann sie die Summe zurückzahlen. Wie viele Zinsen werden fällig?

Deine Lösung:

✏ _____

Frage 19:

Herr Günther nimmt ein Darlehen über 18.900 € zu 6% Zinsen auf. Wie hoch ist der Zins nach einem Jahr und 2 Monaten, wenn kein Zinseszins berücksichtigt wird?

Deine Lösung:

✏ _____

Frage 20:

Eine Vermögensanlage erzielt 2,5% Zinsen. Welchen Gesamtbetrag erhält man nach einem Jahr, wenn man 10.500 € anlegt?

Deine Lösung:

✏ _____

Lösungen

Aufgabe 1:
Die richtige Antwort ist: 780,80€, denn 12200x3,2x2x360/360/100 = 122x3,2x2

Aufgabe 2:
Die richtige Antwort ist: 12,60%, denn 21,28x100x360/(2x30+20)/760 = 212,8x36/8/76

Aufgabe 3:
Die richtige Antwort ist: 120,00€, denn 12x100x360/12/(10x30) = 10x36/3

Aufgabe 4:
Die richtige Antwort ist: 22500,00€, denn 440x100x360/6,4/(3x30+20) = 44000/6,4x36/11

Aufgabe 5:
Die richtige Antwort ist: 654,50€, denn 15400x8,5x(6x30)/360/100 = 154x8,5x0,5

Aufgabe 6:

Korrekt ist hier A. Die richtige Antwort ist: 4 Monate 5 Tage, denn 1x100x360/12/24 = 1000x3/24

Aufgabe 7:
Die richtige Antwort ist: 3,90%, denn 239,2x100x360/(11x30+15)/6400 = 239,2x360/345/64

Aufgabe 8:
Die richtige Antwort ist: 66,00€, denn 3200x5,5x(4x30+15)/360/100 = 32x5,5x135/360

Aufgabe 9:
Die richtige Antwort ist: 5,40%, denn 352,8x100x360/(8x30)/9800 = 352,8x1,5/98

Aufgabe 10:
Die richtige Antwort ist: 6,70%, denn (2560,8-2400)x100/2400 = 160,8/24

Aufgabe 11:
Die richtige Antwort ist: 3600,00€, denn 124x100x360/5/(8x30+8) = 12400/5x360/248

Aufgabe 12:
Die richtige Antwort ist: 14100,00€, denn 211,97x100x360/8,2/(2x30+6) = 21197/8,2x360/66

Aufgabe 13:
Die richtige Antwort ist: 225%, denn 1x100x360/8/20 = 3600/8/2

Aufgabe 14:
Die richtige Antwort ist: 3375,00€, denn 42x100x360/2,8/(5x30+10) = 4200/2,8x36/16

Aufgabe 15:

Korrekt ist hier C. Die richtige Antwort ist: 4 Monate, denn 192,5x100x360/10,5/5500 = 1925x36/10,5/55

Aufgabe 16:
Die richtige Antwort ist: 7,50%, denn (7202,5-6700)x100/6700 = 502,5/67

Aufgabe 17:

Korrekt ist hier A. Die richtige Antwort ist: 8 Monate 12 Tage, denn 516,88x100x360/5,2/14200 = 5168,8x36/5,2/142

Aufgabe 18:
Die richtige Antwort ist: 11,00€, denn 825x12x(1x30+10)/360/100 = 8,25x12x4/36

Aufgabe 19:
Die richtige Antwort ist: 1323,00€, denn 18900x6x(1x360+2x30)/360/100 = 189x6x(1+6/36)

Aufgabe 20:
Die richtige Antwort ist: 10762,50€, denn 10500+10500x2,5/100 = 10500+105x2,5

Selbsteinschätzung
Zinsrechnung - Test

Auf dieser Seite kannst du deinen Lernfortschritt dokumentieren. Das hilft dir dabei, deinen Lernfortschritt zu reflektieren und ein Gefühl dafür zu bekommen, wie sicher du in diesem Themenbereich bereits bist.

Die Aufgaben dieses Tests fielen mir leicht.

Stimme gar nicht zu — Stimme gar nicht zu — Ich bin neutral — Stimme eher zu — Stimme voll zu

Die Aufgaben, bei denen ich mir sicher war, waren dann auch richtig.

Stimme gar nicht zu — Stimme gar nicht zu — Ich bin neutral — Stimme eher zu — Stimme voll zu

Ich habe die Aufgabenstellung immer gut verstanden.

Stimme gar nicht zu — Stimme gar nicht zu — Ich bin neutral — Stimme eher zu — Stimme voll zu

Ich war beim Lösen der Aufgaben schnell.

Stimme gar nicht zu — Stimme gar nicht zu — Ich bin neutral — Stimme eher zu — Stimme voll zu

Ich habe eine gute Strategie entwickelt, wie ich an die Aufgabe herangehen kann.

Stimme gar nicht zu — Stimme gar nicht zu — Ich bin neutral — Stimme eher zu — Stimme voll zu

TestHelden Discord-Community

Schon gewusst? Am besten lernt es sich gemeinsam. Deshalb bieten wir dir die Möglichkeit, dich mit Anderen zu vernetzen. Teile jetzt deine Ergebnisse in unserer Lerngruppe auf Discord und lass uns in den Austausch treten! Schreibe in deine Nacricht einfach das Stichwort "Lernfortschritt" und den Namen des Tests.

Zu unseren Lerngruppen geht es hier:
www.testhelden.com/discord

Übung: Gleichungen lösen

Darum geht es in dieser Übung: In diesem Themenbereich erhältst du Aufgaben zu der Lösung von Gleichungen. Dein Lernziel ist es, das Konstrukt einer Gleichung zu verstehen und zu wissen, wie man eine Gleichung umstellt und löst.

> Tipp: Wie immer kannst du diese Seite hier nutzen, um dir einige Notizen zu machen. Du kannst zum Beispiel festhalten, welche Erwartungen du an den Test hast, was dir beim Üben aufgefallen ist oder was dir besonders schwer oder leicht gefallen ist.

🚀 Deine Notizen:

Aufgaben

Frage 1:

Berechne die folgende Gleichung:
2x + 12 = 88
x = ?

Deine Lösung:

 _____

Frage 2:

Berechne die folgende Gleichung:
9 - 65 * 2 = 10x
x = ?

Deine Lösung:

 _____

Frage 3:

Berechne die folgende Gleichung:
26 * 1 + 34 * 2 = 65 + x
x = ?

Deine Lösung:

 _____

Frage 4:

Berechne die folgende Gleichung:
90 : 10 + 21 = 4x
x = ?

Deine Lösung:

 _____

Frage 5:

Berechne die folgende Gleichung:
7 - 20x * 4 = -128 + 27
x = ?

Deine Lösung:

Frage 6:

Berechne die folgende Gleichung:
38 - 2 = 6x
x = ?

Deine Lösung:

Frage 7:

Berechne die folgende Gleichung:
7 + 5x - 30 = 29 * 3
x = ?

Deine Lösung:

Frage 8:

Berechne die folgende Gleichung:
45 : 5 + 9x = 18
x = ?

Deine Lösung:

Frage 9:

Berechne die folgende Gleichung:
99 : 9 * 2 = 27x
x = ... Runde dabei auf 3 Kommastellen.

Deine Lösung:

Frage 10:

Berechne die folgende Gleichung:
26 * 3x = 76 - 44
x = ... Runde dabei auf 2 Kommastellen.

Deine Lösung:

Frage 11:

Berechne die folgende Gleichung:
4 * 9 - 20 = 165 - x
x = ?

Deine Lösung:

Frage 12:

Berechne die folgende Gleichung:
6x = 18
x = ?

Deine Lösung:

Frage 13:

Berechne die folgende Gleichung:
2 * (x - 5) + 20 = 18 + 7
x = ?

Deine Lösung:

_____

Frage 14:

Berechne die folgende Gleichung:
78 + 2x = 132
x = ?

Deine Lösung:

_____

Frage 15:

Berechne die folgende Gleichung:
18 + 19 = 12 - 20 + x
x = ?

Deine Lösung:

_____

Frage 16:

Berechne die folgende Gleichung:
2 * 8 + 12 * 4 = 14 + 10x
x = ?

Deine Lösung:

_____

Frage 17:

Berechne die folgende Gleichung:
18 + 7 - x = 12 - 112
x = ?

Deine Lösung:

 _____

Frage 18:

Berechne die folgende Gleichung:
5 + 7x = 2x
x = ?

Deine Lösung:

 _____

Frage 19:

Berechne die folgende Gleichung:
12 + 6x = 20 - 4x
x = ?

Deine Lösung:

 _____

Frage 20:

Berechne die folgende Gleichung:
7 + 12 = 19x
x = ?

Deine Lösung:

 _____

Lösungen

Aufgabe 1:

Korrekt ist hier 38. Lösungsweg: Subtrahiere durch -12 und teile durch :2, Ergebnis: x = 38

Aufgabe 2:

Korrekt ist hier -12,1. Lösungsweg: Multipliziere -65 und 2, addiere 9 und -130, vertausche die beiden Seiten der Gleichung und teile durch :10, Ergebnis: x = -12,1

Aufgabe 3:

Korrekt ist hier 29. Lösungsweg: Multipliziere 34 und 2, addiere 26 und 68, vertausche die beiden Seiten der Gleichung und subtrahiere -65, Ergebnis: x = 29

Aufgabe 4:

Korrekt ist hier 7,5. Lösungsweg: Kürze 90:10 mit 10, addiere 9 und 21, vertausche die beiden Seiten der Gleichung und teile durch :4, Ergebnis: x = 7,5

Aufgabe 5:

Korrekt ist hier 1,35. Lösungsweg: Multipliziere -20 und 4, addiere -128 und 27, subtrahiere -7 und teile durch :(-80), Ergebnis: x = 1,35

Aufgabe 6:

Korrekt ist hier 6. Lösungsweg: Addiere 38 und -2, vertausche beide Seiten der Gleichung und teile durch :6, Ergebnis: x = 6

Aufgabe 7:

Korrekt ist hier 22. Lösungsweg: Addiere 7 und -30, multipliziere 29 und 3, addiere +23 und teile :5, Ergebnis: x = 22

Aufgabe 8:

Korrekt ist hier 1. Lösungsweg: Kürze 45 : 5 mit 5, subtrahiere -9 und teile durch :9, Ergebnis: x = 1

Aufgabe 9:

Korrekt ist hier 0,815. Lösungsweg: Kürze 99:9 mit 9, multipliziere 11 und 2, vertausche beide Seiten der Gleichung und teile durch :27, Ergebnis: x = 0,815 auf 3 Kommastellen gerundet.

Aufgabe 10:

Korrekt ist hier 0,41. Lösungsweg: Multipliziere 26 und 3, addiere 76 und -44 und teile durch :78, Ergebnis: x = 0,41 auf 2 Kommastellen gerundet.

Aufgabe 11:

Korrekt ist hier 149. Lösungsweg: Multipliziere mit 4 und 9, addiere mit 36 und -20, vertausche beide Seiten der Gleichung und subtrahiere -165, anschließend teilst du noch :(-1), Ergebnis: x = 149

Aufgabe 12:

Korrekt ist hier 3. Lösungsweg: Teile durch 6, Ergebnis: x = 3

Aufgabe 13:

Korrekt ist hier 7,5. Lösungsweg: Multipliziere 2 und (x-5) aus, addiere -10 und 20, addiere 18 und 7, subtrahiere -10 und teile durch 2, Ergebnis: x = 7,5

Aufgabe 14:

Korrekt ist hier 27. Lösungsweg: Subtrahiere -78 und teile durch :2, Ergebnis: x = 27

Aufgabe 15:

Korrekt ist hier 45. Lösungsweg: Addiere 18 und 19, addiere 12 und -20, vertausche die beiden Seiten der Gleichung und addiere +8, Ergebnis: x = 45

Aufgabe 16:

Korrekt ist hier 5. Lösungsweg: Multipliziere 2 und 8, multipliziere danach 12 und 4, addiere 16 und 48, vertausche dann die Seiten der Gleichung, subtrahiere mit -14 und teile durch :10, Ergebnis: x = 5

Aufgabe 17:

Korrekt ist hier 125. Lösungsweg: Addiere 18 und 7, addiere 12 und -112, subtrahiere -25 und teile durch :(-1), Ergebnis: x = 125

Aufgabe 18:

Korrekt ist hier -1. Lösungsweg: Subtrahiere -2x und -5 und teile dann durch :5, Ergebnis: x = -1

Aufgabe 19:

Korrekt ist hier 0,8. Lösungsweg: Addiere +4x und subtrahiere -12, teile dann durch :10, Ergebnis: x = 0,8

Aufgabe 20:

Korrekt ist hier 1. Lösungsweg: Addiere 7 und 12, Vertausche beide Seiten der Gleichung und teile durch :19, Ergebnis : x = 1

Selbsteinschätzung
Gleichungen lösen - Test

Auf dieser Seite kannst du deinen Lernfortschritt dokumentieren. Das hilft dir dabei, deinen Lernfortschritt zu reflektieren und ein Gefühl dafür zu bekommen, wie sicher du in diesem Themenbereich bereits bist.

Die Aufgaben dieses Tests fielen mir leicht.

○ Stimme gar nicht zu   ○ Stimme gar nicht zu   ○ Ich bin neutral   ○ Stimme eher zu   ○ Stimme voll zu

Die Aufgaben, bei denen ich mir sicher war, waren dann auch richtig.

○ Stimme gar nicht zu   ○ Stimme gar nicht zu   ○ Ich bin neutral   ○ Stimme eher zu   ○ Stimme voll zu

Ich habe die Aufgabenstellung immer gut verstanden.

○ Stimme gar nicht zu   ○ Stimme gar nicht zu   ○ Ich bin neutral   ○ Stimme eher zu   ○ Stimme voll zu

Ich war beim Lösen der Aufgaben schnell.

○ Stimme gar nicht zu   ○ Stimme gar nicht zu   ○ Ich bin neutral   ○ Stimme eher zu   ○ Stimme voll zu

Ich habe eine gute Strategie entwickelt, wie ich an die Aufgabe herangehen kann.

○ Stimme gar nicht zu   ○ Stimme gar nicht zu   ○ Ich bin neutral   ○ Stimme eher zu   ○ Stimme voll zu

TestHelden Discord-Community

Schon gewusst? Am besten lernt es sich gemeinsam. Deshalb bieten wir dir die Möglichkeit, dich mit Anderen zu vernetzen. Teile jetzt deine Ergebnisse in unserer Lerngruppe auf Discord und lass uns in den Austausch treten! Schreibe in deine Nacricht einfach das Stichwort "Lernfortschritt" und den Namen des Tests.

Zu unseren Lerngruppen geht es hier:
www.testhelden.com/discord

Übung: Klammerrechnung

Darum geht es in dieser Übung: In diesem Themenbereich erhältst du Aufgaben zu der Rechnung mit Klammern. Dein Lernziel ist es, die Priorität der Klammerrechnung gegenüber den anderen Rechenoperationen zu verstehen und Klammerrechnungsaufgaben zu lösen.

> Tipp: Wie immer kannst du diese Seite hier nutzen, um dir einige Notizen zu machen. Du kannst zum Beispiel festhalten, welche Erwartungen du an den Test hast, was dir beim Üben aufgefallen ist oder was dir besonders schwer oder leicht gefallen ist.

🚀 Deine Notizen:

Aufgaben

Frage 1:

Berechne die folgende Klammerrechnung:
24 : (3 * 2) + (28 : 7) = ?

Deine Lösung:

_____

Frage 2:

Berechne die folgende Klammerrechnung:
14 * 2 - 8 * (12 : 6) = ?

Deine Lösung:

_____

Frage 3:

Berechne die folgende Klammerrechnung:
(4 - 1) * (8 - 3 + 5) = ?

Deine Lösung:

_____

Frage 4:

Berechne die folgende Klammerrechnung:
(10 - 12) + 8 - 3 = ?

Deine Lösung:

_____

Frage 5:

Berechne die folgende Klammerrechnung:
- (3 - 19 + 21) * -1 = ?

Deine Lösung:

_____

Frage 6:

Berechne die folgende Klammerrechnung:
49 : 7 + (8 * 8) - 2 = ?

Deine Lösung:

Frage 7:

Berechne die folgende Klammerrechnung:
-20 + 8 * (3) = ?

Deine Lösung:

Frage 8:

Berechne die folgende Klammerrechnung:
50 * 3 - (12 * 12) + (2 - 3) = ?

Deine Lösung:

Frage 9:

Berechne die folgende Klammerrechnung:
81 : 9 - (12 + 4) = ?

Deine Lösung:

Frage 10:

Berechne die folgende Klammerrechnung:
(10 - 2) : (5 - 3) = ?

Deine Lösung:

Frage 11:

Berechne die folgende Klammerrechnung:
35 - (12 : 4 - 6) * 2 = ?

Deine Lösung:

Frage 12:

Berechne die folgende Klammerrechnung:
- (-4 + 10) : 2 = ?

Deine Lösung:

Frage 13:

Berechne die folgende Klammerrechnung:
(11 + 3 * 2) + (18 : 6 + 7) = ?

Deine Lösung:

Frage 14:

Berechne die folgende Klammerrechnung:
-6 * 3 - (12 : 4) = ?

Deine Lösung:

Frage 15:

Berechne die folgende Klammerrechnung:
22 : (2 + (4 - 7)) = ?

Deine Lösung:

Frage 16:

Berechne die folgende Klammerrechnung:
8 + 9 (10 - 12) * 2 = ?

Deine Lösung:

✎ _____

Frage 17:

Berechne die folgende Klammerrechnung:
16 : (9 - 6 + 1) + 4 = ?

Deine Lösung:

✎ _____

Frage 18:

Berechne die folgende Klammerrechnung:
(12 * 3) : (15 : 5 + 3) = ?

Deine Lösung:

✎ _____

Frage 19:

Berechne die folgende Klammerrechnung:
(9 - 4 + 3) * (8 : 4) = ?

Deine Lösung:

✎ _____

Frage 20:

Berechne die folgende Klammerrechnung:
121 : 11 - 13 + (24 : 3) = ?

Deine Lösung:

✎ _____

Lösungen

Aufgabe 1:

Korrekt ist hier 8. Lösungsweg: Rechne zuerst 3 * 2 = 6 in der ersten Klammer und 28 : 7 = 4 in der zweiten Klammer. Dividiere anschließend 24 : 6 = 4 und addiere 4.
Richtiges Ergebnis: 8

Aufgabe 2:

Korrekt ist hier 12. Lösungsweg: Rechne zuerst 12 : 6 = 2 in der Klammer zusammen. Danach mulitplizierst du 8 * das Ergebnis aus der Klammer. Anschließend multiplizierst du 14 * 2 = 28. Am Ende bildest du die Differenz beider Ergebnisse.
Richtiges Ergebnis: 12

Aufgabe 3:

Korrekt ist hier 30. Lösungsweg: Rechne zuerst 4 - 1 = 3 in der ersten Klammer und 8 - 3 + 5 = 10 in der zweiten Klammer. Multipliziere anschließend 3 * 10.
Richtiges Ergebnis: 30

Aufgabe 4:

Korrekt ist hier 3. Lösungsweg: Rechne zuerst 10 - 12 = -2 in der Klammer zusammen. Anschließend addierst du 8 und subtrahierst 3.
Richtiges Ergebnis: 3

Aufgabe 5:

Korrekt ist hier 5. Lösungsweg: Rechne zuerst 3 - 19 + 21 = 5 in der Klammer zusammen. Das Minus vor der Klammer sowie das * -1 heben sich gegenseitig auf (* -1 dreht nur alle Vorzeichen um).
Richtiges Ergebnis: 5

Aufgabe 6:

Korrekt ist hier 69. Lösungsweg: Rechne zuerst die Klammer aus. Danach folgt die Punktrechnung, das heißt du rechnest 49 : 7 = 7. Anschließend addierst du beide Ergebnisse und subtrahierst 2.
Richtiges Ergebnis: 69

Aufgabe 7:

Korrekt ist hier 4. Lösungsweg: Die Klammern kannst du dir bei dieser Aufgabe wegdenken. Du rechnest Punkt- vor Strichrechnung. Fange an mit 8 * 3 = 24 und addiere -20. Bedenke die Vorzeichen.
Richtiges Ergebnis: 4

Aufgabe 8:

Korrekt ist hier 5. Lösungsweg: Rechne zuerst 12 * 12 = 144 in der Klammer zusammen. Anschließend subtrahierst du dies von dem Ergebnis von 50 * 3 = 150. Zum Schluss berechnest du die Klammer 2 - 3 = -1 und addierst dieses Ergebnis hinzu
Richtiges Ergebnis: 5

Aufgabe 9:

Korrekt ist hier -7. Lösungsweg: Rechne zuerst 12 + 4 = 16 in der Klammer zusammen. Anschließend dividierst du 81 : 9 = 9 und bildest die Differenz beider Ergebnisse.
Richtiges Ergebnis: -7

Aufgabe 10:

Korrekt ist hier 4. Lösungsweg: Rechne zuerst 10 - 2 = 8 in der ersten Klammer und 5 - 3 = 2 in der zweiten Klammer. Teile anschließend 8 : 2.
Richtiges Ergebnis: 4

Aufgabe 11:

Korrekt ist hier 41. Lösungsweg: Rechne zuerst 12 : 4 - 6 = -3 in der Klammer. Multipliziere das Ergebnis anschließend mit -3 * 2 = -6 und ziehe das von 35 - -6 = 35 + 6 ab.
Richtiges Ergebnis: 41

Aufgabe 12:

Korrekt ist hier -3. Lösungsweg: Das Minus vor der Klammer dreht jedes Vorzeichen in der Klammer um. Rechne daher (4 - 10 = -6) in der Klammer zusammen und streiche das Minus vor der Klammer weg. Anschließend dividierst du das Ergebnis aus der Klammer durch 2.
Richtiges Ergebnis: -3

Aufgabe 13:

Korrekt ist hier 27. Lösungsweg: Rechne zuerst 3 * 2 = 6 + 11 = 17 in der ersten Klammer und 18 : 6 = 3 + 7 = 10 in der zweiten Klammer. Addiere anschließend 17 + 10.
Richtiges Ergebnis: 27

Aufgabe 14:

Korrekt ist hier -21. Lösungsweg: Rechne zuerst 12 : 4 = 3 in der Klammer zusammen. Anschließend multiplizierst du -6 * 3 = -18 und bildest die Differenz beider Ergebnisse.
Richtiges Ergebnis: -21

Aufgabe 15:

Korrekt ist hier -22. Lösungsweg: Rechne zuerst 4 - 7 = -3 in der inneren Klammer zusammen. Anschließend rechnest du die äußere Klammer zusammen also 2 + -3 = -1. Zum Schluss dividierst du 22 : -1 = -22.
Richtiges Ergebnis: -22

Aufgabe 16:

Korrekt ist hier -28. Lösungsweg: Rechne zuerst 10 - 12 = -2 in der Klammer zusammen. Anschließend berechnest du das Produkt 9 * (Ergebnis der Klammer also -2) * 2 und addierst am Ende 8 hinzu. (Beachte wenn kein Rechenzeichen angegeben ist gilt immer *)
Richtiges Ergebnis: -28

Aufgabe 17:

Korrekt ist hier 8. Lösungsweg: Rechne zuerst 9 - 6 + 1 = 4 in der ersten Klammer. Teile anschließend 16 : 4 = 4 und addiere + 4.
Richtiges Ergebnis: 8

Aufgabe 18:

Korrekt ist hier 6. Lösungsweg: Rechne zuerst 12 * 3 = 36 in der ersten Klammer und 15 : 5 + 3 = 6 in der zweiten Klammer. Dividiere anschließend 36 : 6.
Richtiges Ergebnis: 6

Aufgabe 19:

Korrekt ist hier 16. Lösungsweg: Rechne zuerst 9 - 4 + 3 = 8 in der ersten Klammer und 8 : 4 = 2 in der zweiten Klammer. Multipliziere anschließend 8 * 2.
Richtiges Ergebnis: 16

Aufgabe 20:

Korrekt ist hier 6. Lösungsweg: Rechne zuerst 24 : 3 = 8 in der Klammer zusammen. Anschließend dividierst du 121 : 11 = 11. Zuletzt subtrahierst du davon -13 und addierst das Ergebnis der Klammer also 8.
Richtiges Ergebnis: 6

Selbsteinschätzung
Klammerrechnung - Test

Auf dieser Seite kannst du deinen Lernfortschritt dokumentieren. Das hilft dir dabei, deinen Lernfortschritt zu reflektieren und ein Gefühl dafür zu bekommen, wie sicher du in diesem Themenbereich bereits bist.

Die Aufgaben dieses Tests fielen mir leicht.
○ Stimme gar nicht zu — ○ Stimme gar nicht zu — ○ Ich bin neutral — ○ Stimme eher zu — ○ Stimme voll zu

Die Aufgaben, bei denen ich mir sicher war, waren dann auch richtig.
○ Stimme gar nicht zu — ○ Stimme gar nicht zu — ○ Ich bin neutral — ○ Stimme eher zu — ○ Stimme voll zu

Ich habe die Aufgabenstellung immer gut verstanden.
○ Stimme gar nicht zu — ○ Stimme gar nicht zu — ○ Ich bin neutral — ○ Stimme eher zu — ○ Stimme voll zu

Ich war beim Lösen der Aufgaben schnell.
○ Stimme gar nicht zu — ○ Stimme gar nicht zu — ○ Ich bin neutral — ○ Stimme eher zu — ○ Stimme voll zu

Ich habe eine gute Strategie entwickelt, wie ich an die Aufgabe herangehen kann.
○ Stimme gar nicht zu — ○ Stimme gar nicht zu — ○ Ich bin neutral — ○ Stimme eher zu — ○ Stimme voll zu

Schon gewusst? Am besten lernt es sich gemeinsam. Deshalb bieten wir dir die Möglichkeit, dich mit Anderen zu vernetzen. Teile jetzt deine Ergebnisse in unserer Lerngruppe auf Discord und lass uns in den Austausch treten! Schreibe in deine Nacricht einfach das Stichwort "Lernfortschritt" und den Namen des Tests.

Zu unseren Lerngruppen geht es hier:
www.testhelden.com/discord

Übung: Dreisatz

Darum geht es in dieser Übung: In diesem Themenbereich erhältst du Aufgaben, bei denen du einen Dreisatz anwenden musst. Dein Lernziel ist es, den Dreisatz auf einfache Systeme anwenden zu können.

> Tipp: Wie immer kannst du diese Seite hier nutzen, um dir einige Notizen zu machen. Du kannst zum Beispiel festhalten, welche Erwartungen du an den Test hast, was dir beim Üben aufgefallen ist oder was dir besonders schwer oder leicht gefallen ist.

🚀 Deine Notizen:

Aufgaben

Frage 1:

Timmy weiß, dass seine Mutter letzte Woche 27 Äpfel für 9 € gekauft hat. Wie viel Geld muss Timmy mitnehmen, wenn er 54 Äpfel möchte?

- ☐ A: 16€
- ☐ B: 18€
- ☐ C: 20€
- ☐ D: 22€

Frage 2:

Für den Bau von 4 Häusern in 60 Tagen sind 12 Arbeiter notwendig. Wie lange würden 10 Arbeiter bei gleichem Tempo für 6 Häuser brauchen?

- ☐ A: 90 d
- ☐ B: 100 d
- ☐ C: 108 d
- ☐ D: 118 d

Frage 3:

Eine Gruppe von 5 Personen hat ein Ferienhaus gemietet und mit 240 Euro Miete pro Person gerechnet. Spontan kommt noch eine 6. Person mit. Wie viel Euro muss nun jeder bezahlen?

- ☐ A: 200€
- ☐ B: 220€
- ☐ C: 248€
- ☐ D: 272€

Frage 4:

Auf einem Grundstück wurden 10 Mauern in 5 Tagen von 7 Maurern hochgezogen. Der Nachbar bestellt die gleiche Firma, benötigt allerdings 5 Mauern. Die Firma schickt dafür 5 Maurer. Wie lange brauchen diese?

- ☐ A: 3 d
- ☐ B: 3,5 d
- ☐ C: 4 d
- ☐ D: 4,5 d

Frage 5:

Der Herrenfrisör im Nachbarort ist sehr bekannt, da er immer gleich lang braucht für einen Haarschnitt. Beim letzten Mal musste Maik 36 Minuten warten, weil 4 Männer vor ihm waren. Wie lange muss er diesmal warten, wenn 7 Männer vor ihm sind?

- ☐ A: 56min
- ☐ B: 63min
- ☐ C: 69min
- ☐ D: 72min

Frage 6:

Um einen Teich mit 2000 Liter zu füllen, brauchen 2 Pumpen 120 Minuten. Wie lange würden 3 Pumpen für einen Teich mit einem Fassungsvermögen von 1800 Litern benötigen?

- ☐ A: 72min
- ☐ B: 80min
- ☐ C: 92min
- ☐ D: 100min

Frage 7:

Innerhalb von 3 Wochen schafft es eine kleine Firma mittels 4 Maschinen 2.000 Kisten herzustellen. Wie viele Kisten könnten sie in 6 Wochen produzieren, wenn sie 6 Maschinen einsetzen würden?

- ☐ A: 5.500 Kisten
- ☐ B: 5.700 Kisten
- ☐ C: 5.900 Kisten
- ☐ D: 6.000 Kisten

Frage 8:

In einem Hotel müssen alle Zimmer neu gestrichen werden. Dafür waren 5 Maler angestellt, die 60 Zimmer in 12 Tagen geschafft haben. Inzwischen ist nur noch ein Maler beschäftigt. Wie viele Zimmer schafft er in 5 Tagen?

- ☐ A: 4 Zimmer
- ☐ B: 6 Zimmer
- ☐ C: 5 Zimmer
- ☐ D: 10 Zimmer

Frage 9:

Um ein Feld von 10.000 ha Fläche zu ernten brauchen 7 Mähdrescher 14 Tage. Wenn man 5 Mähdrescher einsetzen würde, welche Fläche könnten sie in 10 Tagen ernten?

- ☐ A: 5.102 ha
- ☐ B: 5.202 ha
- ☐ C: 6.102 ha
- ☐ D: 6.202

Frage 10:

In einem Agrarbetrieb schaffen es 5 Personen eine Fläche von 20.000 m² in 18 Stunden zu bearbeiten. In welchem Zeitraum sind die Arbeiten von 8 Personen für eine Fläche von 28.000 m² abgeschlossen?

- ☐ A: 15-16h
- ☐ B: 16-17h
- ☐ C: 17-18h
- ☐ D: 18-19h

Frage 11:

In einem Spielkasino gibt es eine neues Automatenspiel. Tim spielt seit 90 Minuten und hat schon 15 Runden absolviert. Nach 25 Runden ist er leider pleite. Wie lange hat er gespielt?

- ☐ A: 120min
- ☐ B: 130min
- ☐ C: 140min
- ☐ D: 150min

Frage 12:

Für ein Haus brauchen 4 Maler 7 Stunden Zeit zum Anstreichen. Wie lange würden 8 Maler brauchen?

- ☐ A: 2,5h
- ☐ B: 3h
- ☐ C: 3,5h
- ☐ D: 4h

Frage 13:

In einem Spielkasino gibt es eine neues Automatenspiel. Tim spielt seit 120 Minuten und hat schon 23 Runden absolviert. Nach 34 Runden ist er leider pleite. Wie lange hat er gespielt?

- ☐ A: 170,4 min
- ☐ B: 175,4 min
- ☐ C: 177,4 min
- ☐ D: 179,4 min

Frage 14:

Auf dem Amt muss man durchschnittlich 18 Minuten warten, bis 3 Personen abgearbeitet sind. Wie lange muss man durchschnittlich warten, bis 2 Personen abgearbeitet sind?

- ☐ A: 9min
- ☐ B: 12min
- ☐ C: 15min
- ☐ D: 27min

Frage 15:

Vier Studenten veranstalten einen Filmeabend und wollen dazu für jeden eine Pizza bestellen. Sie kalkulieren dafür mit 22 Euro. Spontan kommt noch ein Pärchen dazu. Wie viel Euro brauchen sie insgesamt, wenn jeder eine Pizza isst?

- ☐ A: 33€
- ☐ B: 34€
- ☐ C: 35€
- ☐ D: 36€

TestHelden

Frage 16:

In einem Hotel müssen alle Zimmer neu gestrichen werden. Dafür waren 3 Maler angestellt, die 8 Zimmer in 2 Tagen geschafft haben. Inzwischen ist nur noch ein Maler beschäftigt. Wie viele Zimmer schafft er in 6 Tagen?

- ☐ A: 4 Zimmer
- ☐ B: 6 Zimmer
- ☐ C: 8 Zimmer
- ☐ D: 10 Zimmer

Frage 17:

In einer Fabrik füllen 20 Maschinen innerhalb von 2 Tagen 50.000 Flaschen ab. Nach einer Erweiterung des Geländes werden 5 weitere Maschinen aufgestellt. Wie lange benötigen alle Maschinen für 90.000 Flaschen abzufüllen?

- ☐ A: 1 d
- ☐ B: 1,8 d
- ☐ C: 2,9 d
- ☐ D: 3,7 d

Frage 18:

Mareike ist auf dem Jahrmarkt und schaut der Achterbahn zu. Sie hat die Zeit gestoppt und weiß, dass 3 Fahrten 18 Minuten dauern. Wie lange hätte Mareike Zeit, wenn sie erst nach 33 Fahrten wieder bei der Achterbahn sein müsste?

- ☐ A: 197 min
- ☐ B: 198 min
- ☐ C: 199 min
- ☐ D: 200 min

Frage 19:

Drei Studenten veranstalten einen Filmeabend und wollen dazu für jeden eine Pizza bestellen. Sie kalkulieren dafür mit 12 Euro. Spontan kommt noch ein Pärchen dazu. Wie viel Euro brauchen sie insgesamt, wenn jeder eine Pizza isst?

- ☐ A: 15€
- ☐ B: 18€
- ☐ C: 20€
- ☐ D: 24€

Frage 20:

Für eine große Wiese werden 120 Minuten zum Mähen benötigt, wenn man 3 Rasenmäher einsetzt. Wie lange braucht man mit 8 Rasenmähern?

- ☐ A: 45min
- ☐ B: 60min
- ☐ C: 72min
- ☐ D: 90min

Lösungen

Aufgabe 1:

Korrekt ist hier B. Für den Preis von einem Apfel rechne 9 € / 27 = 0,33 €.
Also kostet ein Apfel 0,33 € und 54 Äpfel: 0,33 € * 54 = 18 €.

Aufgabe 2:

Korrekt ist hier C. Eine Person bräuchte für ein Haus: 60 Tage / 5 = 15 Tage * 12 = 180 Tage.
Das bedeutet, dass 10 Personen für ein Haus 180 Tage / 10 = 18 Tage bräuchten und für 6 Häuser 18 Tage * 6 = 108 Tage.

Aufgabe 3:

Korrekt ist hier A. Das Ferienhaus kostet insgesamt 5 * 240 € = 1200 €.
Für 6 Personen bedeutet das 1200 € / 6 = 200 €.

Aufgabe 4:

Korrekt ist hier B. Ein Maurer benötigt für 10 Mauern 5 * 7 Tage = 35 Tage und für 1 Mauer 35 Tage / 10 = 3,5 Tage.
Ein Maurer würde für 5 Mauern 5 * 3,5 Tage = 17,5 Tage brauchen. 5 Maurer brauchen dafür 17,5 Tage / 5 = 3,5 Tage.

Aufgabe 5:

Korrekt ist hier B. Für einen Haarschnitt braucht der Frisör 36 min / 4 = 9 min.
Das bedeutet, dass er für 7 Haarschnitte 7 * 9 min = 63 min braucht.

Aufgabe 6:

Korrekt ist hier A. Eine Pumpe benötigt allein die doppelte Zeit. Somit schafft sie einen Durchsatz von 2000 L / 240 min = 8,33 L/min.
Das bedeutet, dass eine Pumpe für 1800 Liter 1800 L / 8,33 L/min = 216 min bräuchte und 3 Pumpen 216 min / 3 = 72 min.

Aufgabe 7:

Korrekt ist hier D. Eine Maschine schafft in 3 Wochen 2.000 Kiste / 4 = 500 Kisten und in einer Woche 500 Kisten / 3 Wochen = 166,7 Kisten/Woche.
Das bedeutet, dass 6 Maschinen in 6 Wochen: 166,7 Kisten/Woche * 6 * 6 Wochen = 6.000 Kisten produzieren.

Aufgabe 8:

Korrekt ist hier C. 5 Maler schaffen in einem Tag 60 Zimmer / 12 Tage = 5 Zimmer und ein Maler schafft somit 5 Zimmer / 5 Maler = 1 Zimmer.
In 5 Tagen schafft somit ein Maler 1 * 5 Tage = 5 Zimmer.

Aufgabe 9:

Korrekt ist hier A. Ein Mähdrescher schafft in 14 Tagen 10.000 ha / 7 = 1428,6 ha und in einem Tag 1428,6 ha / 14 Tage = 102 ha/Tage.
Somit würden 5 Mähdrescher in 10 Tagen: 102 ha/Tage * 10 Tage * 5 = 5.102 ha schaffen.

Aufgabe 10:

Korrekt ist hier A. Eine Person braucht 5 * 18 h = 90 h.
Das bedeutet, dass er 20.000 m² / 90 h = 222,2 m²/h schafft.
Für eine Fläche von 28.000 m² bedeutet das, dass 28.000 m² / 222,2 m²/h = 126 h sind.
Acht Personen brauchen dafür 126 h / 8 = 15,8 h.

Aufgabe 11:

Korrekt ist hier D. Für eine Runde rechen 90 min / 15 = 6 min.
Das bedeutet, dass er für 25 Runden: 25 * 6 min = 150 min braucht.

Aufgabe 12:

Korrekt ist hier C. Ein Maler benötigt allein 4 * 7 h = 28 h.
Das bedeutet, dass 8 Maler 28 h / 8 = 3,5 h brauchen.

Aufgabe 13:

Korrekt ist hier C. Für eine Runde rechne 120 min / 23 = 5,2 min.
Das bedeutet, dass er für 34 Runden: 34 * 5,2 min = 177,4 min braucht.

Aufgabe 14:

Korrekt ist hier B. Für die nötige Zeit um eine Person abzuarbeiten rechne 18 min / 3 = 6 min.
Anschließend erhältst du das Ergebnis, wenn du 6 min mit der Menge (2) multiplizierst. 6 min * 2 = 12 min.

Aufgabe 15:

Korrekt ist hier A. Für einen Student wird mit einem Preis von 22 € / 4 = 5,5 € kalkuliert.
Für insgesamt 6 Leute macht das eine Summe von: 6 * 5,5 € = 33 €.

Aufgabe 16:

Korrekt ist hier C. 3 Maler schaffen in einem Tag 8 Zimmer / 2 Tage = 4 Zimmer und ein Maler schafft somit 4 Zimmer / 3 Maler = 1,33 Zimmer.
In 6 Tagen schafft somit ein Maler 1,33 * 6 Tage = 8 Zimmer.

Aufgabe 17:

Korrekt ist hier C. 20 Maschinen schaffen es in einem Tag 50.000 Flaschen / 2 = 25.000 Flaschen zu befüllen.
Das bedeutet, dass eine Maschine 25.000 Flaschen / 20 = 1250 Flaschen pro Tag schafft.
25 Maschinen schaffen 31.250 Flaschen pro Tag und brauchen deshalb für 90.000 Flaschen / 31.250 Flaschen/Tag= 2,9 Tage.

Aufgabe 18:

Korrekt ist hier B. Für eine Fahrt rechne 18 min / 3 = 6 min.
33 Fahrten: 33 * 6 min = 198 min

Aufgabe 19:

Korrekt ist hier C. Für einen Student wird mit einem Preis von 12 € / 3 = 4 € kalkuliert.
Für insgesamt 5 Leute macht das eine Summe von: 5 * 4 € = 20 €.

Aufgabe 20:

Korrekt ist hier A. Ein Rasenmäher würde 120 min * 3 = 360 min benötigen.
Das bedeutet, dass 8 Rasenmäher nur 360 min / 8 = 45 min brauchen.

Selbsteinschätzung
Dreisatz - Test

Auf dieser Seite kannst du deinen Lernfortschritt dokumentieren. Das hilft dir dabei, deinen Lernfortschritt zu reflektieren und ein Gefühl dafür zu bekommen, wie sicher du in diesem Themenbereich bereits bist.

Die Aufgaben dieses Tests fielen mir leicht.
○ Stimme gar nicht zu — ○ Stimme gar nicht zu — ○ Ich bin neutral — ○ Stimme eher zu — ○ Stimme voll zu

Die Aufgaben, bei denen ich mir sicher war, waren dann auch richtig.
○ Stimme gar nicht zu — ○ Stimme gar nicht zu — ○ Ich bin neutral — ○ Stimme eher zu — ○ Stimme voll zu

Ich habe die Aufgabenstellung immer gut verstanden.
○ Stimme gar nicht zu — ○ Stimme gar nicht zu — ○ Ich bin neutral — ○ Stimme eher zu — ○ Stimme voll zu

Ich war beim Lösen der Aufgaben schnell.
○ Stimme gar nicht zu — ○ Stimme gar nicht zu — ○ Ich bin neutral — ○ Stimme eher zu — ○ Stimme voll zu

Ich habe eine gute Strategie entwickelt, wie ich an die Aufgabe herangehen kann.
○ Stimme gar nicht zu — ○ Stimme gar nicht zu — ○ Ich bin neutral — ○ Stimme eher zu — ○ Stimme voll zu

---

TestHelden Discord-Community

Schon gewusst? Am besten lernt es sich gemeinsam. Deshalb bieten wir dir die Möglichkeit, dich mit Anderen zu vernetzen. Teile jetzt deine Ergebnisse in unserer Lerngruppe auf Discord und lass uns in den Austausch treten! Schreibe in deine Nacricht einfach das Stichwort "Lernfortschritt" und den Namen des Tests.

Zu unseren Lerngruppen geht es hier:
www.testhelden.com/discord

Übung: Ergebnisse schätzen

Darum geht es in dieser Übung: In diesem Themenbereich erhältst du Aufgaben, bei denen du das Ergebnis schätzen musst. Dein Lernziel ist es, ein Gefühl für die Rechenoperationen und die Größenordnung beim Rechnen mit großen Zahlen zu erhalten.

> Tipp: Wie immer kannst du diese Seite hier nutzen, um dir einige Notizen zu machen. Du kannst zum Beispiel festhalten, welche Erwartungen du an den Test hast, was dir beim Üben aufgefallen ist oder was dir besonders schwer oder leicht gefallen ist.

🚀 Deine Notizen:

Aufgaben

Frage 1:

Schätze das Ergebnis der folgenden Gleichung:
2500x700

- ☐ A: Ergebnis: 17.500,00
- ☐ B: Ergebnis: 175.000,00
- ☐ C: Ergebnis: 1.750.000,00
- ☐ D: Ergebnis: 17.500.000,00

Frage 2:

Schätze das Ergebnis der folgenden Gleichung:
7000x8000

- ☐ A: Ergebnis: 56.000.000,00
- ☐ B: Ergebnis: 560.000,00
- ☐ C: Ergebnis: 5.600.000,00
- ☐ D: Ergebnis: 56.000,00

Frage 3:

Schätze das Ergebnis der folgenden Gleichung:
3.350+53.875+95.688

- ☐ A: Ergebnis: 150.711,00
- ☐ B: Ergebnis: 151.527,00
- ☐ C: Ergebnis: 152.913,00
- ☐ D: Ergebnis: 153.115,00

Frage 4:

Schätze das Ergebnis der folgenden Gleichung:
2442/3

- ☐ A: Ergebnis: 808,00
- ☐ B: Ergebnis: 810,00
- ☐ C: Ergebnis: 812,00
- ☐ D: Ergebnis: 814,00

Frage 5:

Schätze das Ergebnis der folgenden Gleichung:
692x212

- ☐ A: Ergebnis: 146.704
- ☐ B: Ergebnis: 148.204
- ☐ C: Ergebnis: 150.816
- ☐ D: Ergebnis: 152.824

Frage 6:

Schätze das Ergebnis der folgenden Gleichung:
331x361

- ☐ A: Ergebnis: 118.342,00
- ☐ B: Ergebnis: 119.282,00
- ☐ C: Ergebnis: 119.491,00
- ☐ D: Ergebnis: 120.713,00

Frage 7:

Schätze das Ergebnis der folgenden Gleichung:
37.309-6.099-4.547

- ☐ A: Ergebnis: 26.266,00
- ☐ B: Ergebnis: 26.663,00
- ☐ C: Ergebnis: 26.669,00
- ☐ D: Ergebnis: 26.711,00

Frage 8:

Schätze das Ergebnis der folgenden Gleichung:
6125/35

- ☐ A: Ergebnis: 112
- ☐ B: Ergebnis: 115
- ☐ C: Ergebnis: 156
- ☐ D: Ergebnis: 175

Frage 9:

Schätze das Ergebnis der folgenden Gleichung:
90.038-7.009-7.780

- A: Ergebnis: 74.129
- B: Ergebnis: 75.249
- C: Ergebnis: 76.249
- D: Ergebnis: 76.812

Frage 10:

Schätze das Ergebnis des folgenden Anteils:
3,1% von 6342

- A: Ergebnis: 102
- B: Ergebnis: 124
- C: Ergebnis: 160
- D: Ergebnis: 196

Frage 11:

Schätze das Ergebnis der folgenden Gleichung:
84.926-75.479-4.748

- A: Ergebnis: 4.299
- B: Ergebnis: 4.699
- C: Ergebnis: 5.019
- D: Ergebnis: 5.169

Frage 12:

Schätze das Ergebnis Ergebnis des folgenden Anteils:
10,2% von 9536

- A: Ergebnis: 934,20
- B: Ergebnis: 955,80
- C: Ergebnis: 972,70
- D: Ergebnis: 1.050,10

Frage 13:

Schätze das Ergebnis der folgenden Gleichung:
9792/24

- ☐ A: Ergebnis: 308,00
- ☐ B: Ergebnis: 408,00
- ☐ C: Ergebnis: 508,00
- ☐ D: Ergebnis: 608,00

Frage 14:

Schätze das Ergebnis der folgenden Gleichung:
814x193

- ☐ A: Ergebnis: 145.114
- ☐ B: Ergebnis: 152.080
- ☐ C: Ergebnis: 155.316
- ☐ D: Ergebnis: 157.102

Frage 15:

Schätze das Ergebnis Ergebnis des folgenden Anteils:
5,3% von 5051

- ☐ A: Ergebnis: 267,70
- ☐ B: Ergebnis: 300,70
- ☐ C: Ergebnis: 354,90
- ☐ D: Ergebnis: 399,20

Frage 16:

Schätze das Ergebnis der folgenden Gleichung:
89.251+25.897+35.683

- ☐ A: Ergebnis: 149.231,00
- ☐ B: Ergebnis: 149.651,00
- ☐ C: Ergebnis: 149.831,00
- ☐ D: Ergebnis: 150.831,00

Frage 17:

Schätze das Ergebnis der folgenden Gleichung:
400x500

- ☐ A: Ergebnis: 20.000,00
- ☐ B: Ergebnis: 200.000,00
- ☐ C: Ergebnis: 2.000.000,00
- ☐ D: Ergebnis: 20.000.000,00

Frage 18:

Schätze das Ergebnis der folgenden Gleichung:
4300x800

- ☐ A: Ergebnis: 3.440.000,00
- ☐ B: Ergebnis: 344.000,00
- ☐ C: Ergebnis: 34.400,00
- ☐ D: Ergebnis: 34.400.000,00

Frage 19:

Schätze das Ergebnis der folgenden Gleichung:
692x607

- ☐ A: Ergebnis: 400.044
- ☐ B: Ergebnis: 410.044
- ☐ C: Ergebnis: 420.044
- ☐ D: Ergebnis: 430.044

Frage 20:

Schätze das Ergebnis der folgenden Gleichung:
59.706-2.831-44.079

- ☐ A: Ergebnis: 12.545
- ☐ B: Ergebnis: 12.594
- ☐ C: Ergebnis: 12.624
- ☐ D: Ergebnis: 12.796

Lösungen

Aufgabe 1:

Korrekt ist hier C.

Aufgabe 2:

Korrekt ist hier A.

Aufgabe 3:

Korrekt ist hier C.

Aufgabe 4:

Korrekt ist hier D.

Aufgabe 5:

Korrekt ist hier A.

Aufgabe 6:

Korrekt ist hier C.

Aufgabe 7:

Korrekt ist hier B.

Aufgabe 8:

Korrekt ist hier D.

Aufgabe 9:

Korrekt ist hier B.

Aufgabe 10:

Korrekt ist hier D.

Aufgabe 11:

Korrekt ist hier B.

Aufgabe 12:

Korrekt ist hier C.

Aufgabe 13:

Korrekt ist hier B.

Aufgabe 14:

Korrekt ist hier D.

Aufgabe 15:

Korrekt ist hier A.

Aufgabe 16:

Korrekt ist hier D.

Aufgabe 17:

Korrekt ist hier B.

Aufgabe 18:

Korrekt ist hier A.

Aufgabe 19:

Korrekt ist hier C.

Aufgabe 20:

Korrekt ist hier D.

Selbsteinschätzung
Ergebnisse schätzen - Test

Auf dieser Seite kannst du deinen Lernfortschritt dokumentieren. Das hilft dir dabei, deinen Lernfortschritt zu reflektieren und ein Gefühl dafür zu bekommen, wie sicher du in diesem Themenbereich bereits bist.

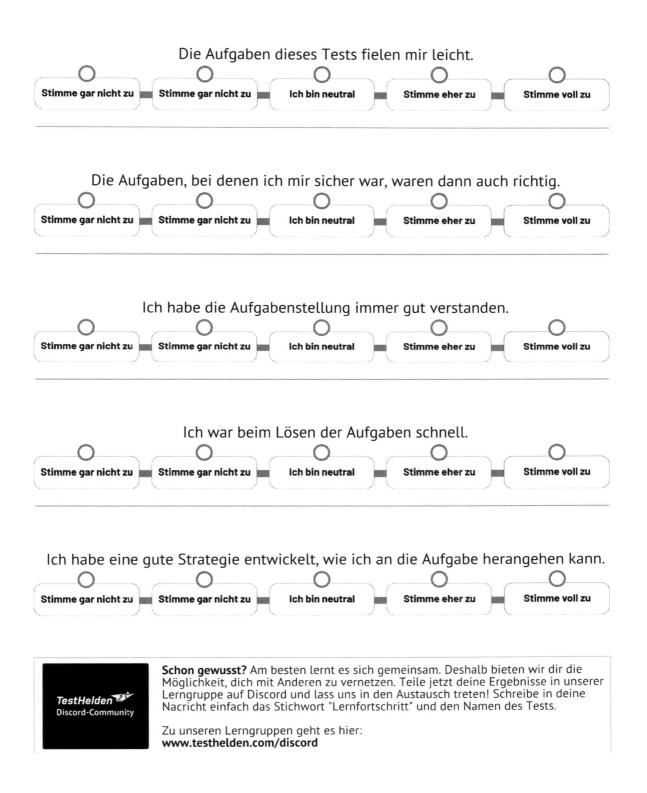

Übung: Tempo-Rechnen

Darum geht es in dieser Übung: In diesem Themenbereich erhältst du eine Folge von Rechenaufgaben, die du zusammenrechnen musst. Beachte dabei Punktrechnung vor Strichrechnung. Dein Lernziel ist es, die Reihenfolge von den verschiedenen Rechenoperationen zu verstehen und umfangreichere Aufgaben lösen zu können.

> Tipp: Wie immer kannst du diese Seite hier nutzen, um dir einige Notizen zu machen. Du kannst zum Beispiel festhalten, welche Erwartungen du an den Test hast, was dir beim Üben aufgefallen ist oder was dir besonders schwer oder leicht gefallen ist.

🚀 Deine Notizen:

_____
_____
_____
_____
_____
_____
_____
_____
_____
_____
_____
_____
_____
_____
_____
_____
_____
_____
_____
_____
_____
_____

Aufgaben

Frage 1:

Bei dieser Aufgabe geht es um Schnelligkeit! Berechne das Ergebnis der Kette verschiedener Rechenoperationen.
 Bitte benutze keinen Taschenrechner und beachte Punktrechnung geht vor Strichrechnung!
2 + 4 - 112 : 2 + 81 - 11 * 0 - 32 : 2 =

- ☐ A: 14
- ☐ B: 15
- ☐ C: 16
- ☐ D: 17

Frage 2:

Bei dieser Aufgabe geht es um Schnelligkeit! Berechne das Ergebnis der Kette verschiedener Rechenoperationen.
 Bitte benutze keinen Taschenrechner und beachte Punktrechnung geht vor Strichrechnung!
83 - 12 + 2 * 3 - 4 * 7 + 1 * 17 - 14 : 2 =

- ☐ A: 58
- ☐ B: 59
- ☐ C: 60
- ☐ D: 61

Frage 3:

Bei dieser Aufgabe geht es um Schnelligkeit! Berechne das Ergebnis der Kette verschiedener Rechenoperationen.
 Bitte benutze keinen Taschenrechner und beachte Punktrechnung geht vor Strichrechnung!
2 * 2 + 2 : 2 - 2 + 22 : 2 - 2 + 22 : 2 * 2 * 2 =

- ☐ A: 53
- ☐ B: 54
- ☐ C: 55
- ☐ D: 56

Frage 4:

Bei dieser Aufgabe geht es um Schnelligkeit! Berechne das Ergebnis der Kette verschiedener Rechenoperationen.
 Bitte benutze keinen Taschenrechner und beachte Punktrechnung geht vor Strichrechnung!
49 : 7 + 49 - 7 + 50 : 5 + 27 : 9 =

- ☐ A: 62
- ☐ B: 63
- ☐ C: 64
- ☐ D: 65

Frage 5:

Bei dieser Aufgabe geht es um Schnelligkeit! Berechne das Ergebnis der Kette verschiedener Rechenoperationen.
 Bitte benutze keinen Taschenrechner und beachte Punktrechnung geht vor Strichrechnung!
3 * 6 : 9 + 3 * 9 : 3 * 2 - 3 * 2 =

- ☐ A: 12
- ☐ B: 13
- ☐ C: 14
- ☐ D: 15

Frage 6:

Bei dieser Aufgabe geht es um Schnelligkeit! Berechne das Ergebnis der Kette verschiedener Rechenoperationen.
 Bitte benutze keinen Taschenrechner und beachte Punktrechnung geht vor Strichrechnung!
3 * 4 + 3 * 5 + 3 * 6 - 3 * 7 - 3 * 8 + 9 : 3 - 3 * 10 - 58 =

- ☐ A: -85
- ☐ B: -86
- ☐ C: -87
- ☐ D: -88

Frage 7:

Bei dieser Aufgabe geht es um Schnelligkeit! Berechne das Ergebnis der Kette verschiedener Rechenoperationen.
 Bitte benutze keinen Taschenrechner und beachte Punktrechnung geht vor Strichrechnung!
24 * 2 - 58 * 3 + 140 : 10 - 12 + 52 : 2 + 17 =

- ☐ A: -80
- ☐ B: -81
- ☐ C: -82
- ☐ D: -83

Frage 8:

Bei dieser Aufgabe geht es um Schnelligkeit! Berechne das Ergebnis der Kette verschiedener Rechenoperationen.
 Bitte benutze keinen Taschenrechner und beachte Punktrechnung geht vor Strichrechnung!
2 * 4 + 2 * 5 + 2 * 6 - 2 * 7 - 8 : 2 + 2 * 9 =

- ☐ A: 30
- ☐ B: 31
- ☐ C: 32
- ☐ D: 33

Frage 9:

Bei dieser Aufgabe geht es um Schnelligkeit! Berechne das Ergebnis der Kette verschiedener Rechenoperationen.
 Bitte benutze keinen Taschenrechner und beachte Punktrechnung geht vor Strichrechnung!
18 : 3 - 24 : 6 + 58 * 2 + 137 - 17 + 20 : 5 =

- ☐ A: 240
- ☐ B: 242
- ☐ C: 252
- ☐ D: 236

Frage 10:

Bei dieser Aufgabe geht es um Schnelligkeit! Berechne das Ergebnis der Kette verschiedener Rechenoperationen.
 Bitte benutze keinen Taschenrechner und beachte Punktrechnung geht vor Strichrechnung!
27 : 3 - 18 : 3 + 3 * 2 + 118 - 32 : 2 + 2 + 17 =

- ☐ A: 130
- ☐ B: 132
- ☐ C: 134
- ☐ D: 136

Frage 11:

Bei dieser Aufgabe geht es um Schnelligkeit! Berechne das Ergebnis der Kette verschiedener Rechenoperationen.
 Bitte benutze keinen Taschenrechner und beachte Punktrechnung geht vor Strichrechnung!
1 * 2 + 3 + 4 - 5 * 6 - 7 * 8 + 9 * 10 - 1 * 4 =

- ☐ A: 9
- ☐ B: 10
- ☐ C: 11
- ☐ D: 12

Frage 12:

Bei dieser Aufgabe geht es um Schnelligkeit! Berechne das Ergebnis der Kette verschiedener Rechenoperationen.
 Bitte benutze keinen Taschenrechner und beachte Punktrechnung geht vor Strichrechnung!
1.550 - 27 - 63 : 7 - 1000 : 5 + 24 : 8 =

- ☐ A: 1315
- ☐ B: 1316
- ☐ C: 1317
- ☐ D: 1318

Frage 13:

Bei dieser Aufgabe geht es um Schnelligkeit! Berechne das Ergebnis der Kette verschiedener Rechenoperationen.
Bitte benutze keinen Taschenrechner und beachte Punktrechnung geht vor Strichrechnung!
57 - 12 + 65 - 13 + 3 * 5 - 42 : 6 + 6 : 2 + 148 =

- ☐ A: 253
- ☐ B: 254
- ☐ C: 255
- ☐ D: 256

Frage 14:

Bei dieser Aufgabe geht es um Schnelligkeit! Berechne das Ergebnis der Kette verschiedener Rechenoperationen.
Bitte benutze keinen Taschenrechner und beachte Punktrechnung geht vor Strichrechnung!
128 * 2 - 50 * 4 + 21 : 7 - 13 + 22 : 2 + 13 =

- ☐ A: 70
- ☐ B: 71
- ☐ C: 72
- ☐ D: 73

Frage 15:

Bei dieser Aufgabe geht es um Schnelligkeit! Berechne das Ergebnis der Kette verschiedener Rechenoperationen.
Bitte benutze keinen Taschenrechner und beachte Punktrechnung geht vor Strichrechnung!
30 : 6 - 23 + 46 * 3 - 11 + 33 : 11 + 37 =

- ☐ A: 146
- ☐ B: 147
- ☐ C: 148
- ☐ D: 149

Frage 16:

Bei dieser Aufgabe geht es um Schnelligkeit! Berechne das Ergebnis der Kette verschiedener Rechenoperationen.
Bitte benutze keinen Taschenrechner und beachte Punktrechnung geht vor Strichrechnung!
0 * 14 - 32 : 2 + 49 : 7 - 13 + 16 * 3 - 52 : 2 =

- ☐ A: 0
- ☐ B: 1
- ☐ C: 2
- ☐ D: 3

Frage 17:

Bei dieser Aufgabe geht es um Schnelligkeit! Berechne das Ergebnis der Kette verschiedener Rechenoperationen.
Bitte benutze keinen Taschenrechner und beachte Punktrechnung geht vor Strichrechnung!
84 - 4 + 27 - 12 * 3 - 48 : 8 - 17 =

- ☐ A: 47
- ☐ B: 48
- ☐ C: 49
- ☐ D: 50

Frage 18:

Bei dieser Aufgabe geht es um Schnelligkeit! Berechne das Ergebnis der Kette verschiedener Rechenoperationen.
Bitte benutze keinen Taschenrechner und beachte Punktrechnung geht vor Strichrechnung!
1 * 2 + 2 * 3 - 3 * 4 - 5 * 6 + 8 * 9 - 15 : 5 + 81 - 11 + 54 : 9 =

- ☐ A: 110
- ☐ B: 111
- ☐ C: 112
- ☐ D: 113

TestHelden

Frage 19:

Bei dieser Aufgabe geht es um Schnelligkeit! Berechne das Ergebnis der Kette verschiedener Rechenoperationen.
 Bitte benutze keinen Taschenrechner und beachte Punktrechnung geht vor Strichrechnung!
4 * 7 : 2 + 15 : 3 + 54 : 6 + 17 =

- ☐ A: 43
- ☐ B: 44
- ☐ C: 45
- ☐ D: 46

Frage 20:

Bei dieser Aufgabe geht es um Schnelligkeit! Berechne das Ergebnis der Kette verschiedener Rechenoperationen.
 Bitte benutze keinen Taschenrechner und beachte Punktrechnung geht vor Strichrechnung!
13 - 6 + 4 * 9 + 48 : 6 - 77 : 11 + 81 : 9 =

- ☐ A: 50
- ☐ B: 51
- ☐ C: 52
- ☐ D: 53

Lösungen

Aufgabe 1:

Korrekt ist hier B. 2 + 4 - (112 : 2) + 81 - (11 * 0) - (32 : 2) =
2 + 4 - 56 + 81 - 0 - 16 = 15

Aufgabe 2:

Korrekt ist hier B. 83 - 12 + (2 * 3) - (4 * 7) + (1 * 17) - (14 : 2) =
83 - 12 + 6 - 28 + 17 - 7 = 59

Aufgabe 3:

Korrekt ist hier D. (2 * 2) + (2 : 2) - 2 + (22 : 2) - 2 + (22 : 2 * 2 * 2) =
4 + 1 - 2 + 11 - 2 + 44 = 56

Aufgabe 4:

Korrekt ist hier A. (49 : 7) + 49 - 7 + (50 : 5) + (27 : 9) =
7 + 49 - 7 + 10 + 3 = 62

Aufgabe 5:

Korrekt ist hier C. (3 * 6 : 9) + (3 * 9 : 3 * 2) - (3 * 2) =
2 + 18 - 6 = 14

Aufgabe 6:

Korrekt ist hier A. (3 * 4) + (3 * 5) + (3 * 6) - (3 * 7) - (3 * 8) + (9 : 3) - (3 * 10) - 58 =
12 + 15 + 18 - 21 - 24 + 3 - 30 - 58 = -85

Aufgabe 7:

Korrekt ist hier B. (24 * 2) - (58 * 3) + (140 : 10) - 12 + (52 : 2) + 17 =
48 - 174 + 14 - 12 + 26 + 17 = -81

TestHelden

Aufgabe 8:

Korrekt ist hier A. (2 * 4) + (2 * 5) + (2 * 6) - (2 * 7) - (8 : 2) + (2 * 9) =
8 + 10 + 12 - 14 - 4 + 18 = 30

Aufgabe 9:

Korrekt ist hier B. (18 : 3) - (24 : 6) + (58 * 2) + 137 - 17 + (20 : 5) =
6 - 4 + 116 + 137 - 17 + 4 = 242

Aufgabe 10:

Korrekt ist hier A. (27 : 3) - (18 : 3) +(3 * 2) + 118 - (32 : 2) + 2 + 17 =
9 - 6 + 6 + 118 - 16 + 2 + 17 = 130

Aufgabe 11:

Korrekt ist hier A. (1 * 2) + 3 + 4 - (5 * 6) - (7 * 8) + (9 * 10) - (1 * 4) =
2 + 3 + 4 - 30 - 56 + 90 - 4 = 9

Aufgabe 12:

Korrekt ist hier C. 1.550 - 27 - (63 : 7) - (1000 : 5) + (24 : 8) =
1.550 - 27 - 9 - 200 + 3 = 1317

Aufgabe 13:

Korrekt ist hier D. 57 - 12 + 65 - 13 + (3 * 5) - (42 : 6) + (6 : 2) + 148 =
57 - 12 + 65 - 13 + 15 - 7 + 3 + 148 = 256

Aufgabe 14:

Korrekt ist hier A. (128 * 2) - (50 * 4) + (21 : 7) - 13 + (22 : 2) + 13 =
256 - 200 + 3 - 13 +11 + 13 = 70

Aufgabe 15:

Korrekt ist hier D. (30 : 6) - 23 + (46 * 3) - 11 + (33 : 11) + 37 =
5 - 23 + 138 - 11 + 2 + 37 = 149

Aufgabe 16:

Korrekt ist hier A. (0 * 14) - (32 : 2) + (49 : 7) - 13 + (16 * 3) - (52 : 2) =
0 - 16 + 7 - 13 + 48 - 26 = 0

Aufgabe 17:

Korrekt ist hier B. 84 - 4 + 27 - (12 * 3) - (48 : 8) - 17 =
84 - 4 + 27 - 36 - 6 - 17 = 48

Aufgabe 18:

Korrekt ist hier B. (1 * 2) + (2 * 3) - (3 * 4) - (5 * 6) + (8 * 9) - (15 : 5) + 81 - 11 + (54 : 9) =
2 + 6 - 12 - 30 + 72 - 3 + 81 - 11 + 6 = 111

Aufgabe 19:

Korrekt ist hier C. (4 * 7 : 2) + (15 : 3) + (54 : 6) + 17 =
14 + 5 + 9 + 17 = 45

Aufgabe 20:

Korrekt ist hier D. 13 - 6 + (4 * 9) + (48 : 6) - (77 : 11) + (81 : 9) =
13 - 6 + 36 + 8 - 7 + 9 = 53

Selbsteinschätzung
Tempo-Rechnen - Test

Auf dieser Seite kannst du deinen Lernfortschritt dokumentieren. Das hilft dir dabei, deinen Lernfortschritt zu reflektieren und ein Gefühl dafür zu bekommen, wie sicher du in diesem Themenbereich bereits bist.

Die Aufgaben dieses Tests fielen mir leicht.
○ Stimme gar nicht zu — ○ Stimme gar nicht zu — ○ Ich bin neutral — ○ Stimme eher zu — ○ Stimme voll zu

Die Aufgaben, bei denen ich mir sicher war, waren dann auch richtig.
○ Stimme gar nicht zu — ○ Stimme gar nicht zu — ○ Ich bin neutral — ○ Stimme eher zu — ○ Stimme voll zu

Ich habe die Aufgabenstellung immer gut verstanden.
○ Stimme gar nicht zu — ○ Stimme gar nicht zu — ○ Ich bin neutral — ○ Stimme eher zu — ○ Stimme voll zu

Ich war beim Lösen der Aufgaben schnell.
○ Stimme gar nicht zu — ○ Stimme gar nicht zu — ○ Ich bin neutral — ○ Stimme eher zu — ○ Stimme voll zu

Ich habe eine gute Strategie entwickelt, wie ich an die Aufgabe herangehen kann.
○ Stimme gar nicht zu — ○ Stimme gar nicht zu — ○ Ich bin neutral — ○ Stimme eher zu — ○ Stimme voll zu

---

TestHelden Discord-Community

Schon gewusst? Am besten lernt es sich gemeinsam. Deshalb bieten wir dir die Möglichkeit, dich mit Anderen zu vernetzen. Teile jetzt deine Ergebnisse in unserer Lerngruppe auf Discord und lass uns in den Austausch treten! Schreibe in deine Nacricht einfach das Stichwort "Lernfortschritt" und den Namen des Tests.

Zu unseren Lerngruppen geht es hier:
www.testhelden.com/discord

Übung: Maße und Einheiten

Darum geht es in dieser Übung: In diesem Themenbereich erhältst du Aufgaben, bei denen du in den Einheiten umrechnen musst. Dein Lernziel ist es, die verschiedenen Einheiten zu kennen und mit diesen rechnen bzw. diese umrechnen zu können.

> Tipp: Wie immer kannst du diese Seite hier nutzen, um dir einige Notizen zu machen. Du kannst zum Beispiel festhalten, welche Erwartungen du an den Test hast, was dir beim Üben aufgefallen ist oder was dir besonders schwer oder leicht gefallen ist.

🚀 Deine Notizen:

Aufgaben

Frage 1:

Wie viel Milligramm sind 2 Kilogramm?

- ☐ A: 2.000 Milligramm
- ☐ B: 20.000 Milligramm
- ☐ C: 200.000 Milligramm
- ☐ D: 2.000.000 Milligramm

Frage 2:

Wie viel Dezimeter sind 3250 Millimeter?

- ☐ A: 3,25 Dezimeter
- ☐ B: 32,5 Dezimeter
- ☐ C: 325 Dezimeter
- ☐ D: 0,325 Dezimeter

Frage 3:

Wie viele Liter sind 0,86 Milliliter?

- ☐ A: 0,0086 Liter
- ☐ B: 0,086 Liter
- ☐ C: 0,00086 Liter
- ☐ D: 0,000086 Liter

Frage 4:

Wie viel Kubikmeter sind 20 Liter?

- ☐ A: 2 Kubikmeter
- ☐ B: 0,2 Kubikmeter
- ☐ C: 0,02 Kubikmeter
- ☐ D: 0,002 Kubikmeter

Frage 5:

Wie viel Stunden sind 15 Tage?

- ☐ A: 3000 Stunden
- ☐ B: 400 Stunden
- ☐ C: 360 Stunden
- ☐ D: 300 Stunden

Frage 6:

Wie viel Minuten sind 5 Stunden?

- ☐ A: 30 Minuten
- ☐ B: 300 Minuten
- ☐ C: 600 Minuten
- ☐ D: 900 Minuten

Frage 7:

Wie viel Zentimeter sind 2.400 Millimeter?

- ☐ A: 24 Zentimeter
- ☐ B: 240 Zentimeter
- ☐ C: 2400 Zentimeter
- ☐ D: 24000 Zentimeter

Frage 8:

Wie viele Kubikzentimeter sind 549 Liter?

- ☐ A: 54.900 Kubikzentimeter
- ☐ B: 5.490.000 Kubikzentimeter
- ☐ C: 5.490 Kubikzentimeter
- ☐ D: 549.000 Kubikzentimeter

Frage 9:

Wie viel Kilometer sind 56 Meter?

- A: 5,6 Kilometer
- B: 0,56 Kilometer
- C: 0,056 Kilometer
- D: 0,0056 Kilometer

Frage 10:

Wie viel Kubikmeter sind 16.000 Kubikdezimeter?

- A: 1,6 Kubikmeter
- B: 16 Kubikmeter
- C: 160 Kubikmeter
- D: 1600 Kubikmeter

Frage 11:

Wie viel Liter sind 40 Kubikmeter?

- A: 4.000 Liter
- B: 40.000 Liter
- C: 400.000 Liter
- D: 400 Liter

Frage 12:

Wie viele Dezimeter sind 0,5 Kilometer?

- A: 5.000 Dezimeter
- B: 500 Dezimeter
- C: 50.000 Dezimeter
- D: 500.000 Dezimeter

Frage 13:

Wie viel Gramm sind 7 Tonnen?

- A: 7.000 Gramm
- B: 70.000 Gramm
- C: 700.000 Gramm
- D: 7.000.000 Gramm

Frage 14:

Wie viele Kilogramm sind 0,76 Tonnen?

- A: 760 Kilogramm
- B: 76 Kilogramm
- C: 1.497.678 Kilogramm
- D: 7.600 Kilogramm

Frage 15:

Wie viel Milliliter sind 5 Liter?

- A: 5000 Milliliter
- B: 500 Milliliter
- C: 50 Milliliter
- D: 50000 Milliliter

Frage 16:

Wie viele Tage sind 264 Stunden?

- A: 10 Tage
- B: 12 Tage
- C: 9 Tage
- D: 11 Tage

Frage 17:

Wie viele Quadratmeter sind 520 Quadratzentimeter?

- A: 52 Quadratmeter
- B: 0,052 Quadratmeter
- C: 5,2 Quadratmeter
- D: 0,0052 Quadratmeter

Frage 18:

Wie viel Sekunden sind 10 Stunden?

- A: 3.600 Sekunden
- B: 4.600 Sekunden
- C: 46.000 Sekunden
- D: 36.000 Sekunden

Frage 19:

Wie viel Kubikzentimeter sind 4500 Kubikmillimeter?

- A: 450 Kubikzentimeter
- B: 45 Kubikzentimeter
- C: 4,5 Kubikzentimeter
- D: 0,45 Kubikzentimeter

Frage 20:

Wie viel Liter sind 3 Kubikdezimeter?

- A: 3 Liter
- B: 0,3 Liter
- C: 0,03 Liter
- D: 30 Liter

Lösungen

Aufgabe 1:

Korrekt ist hier D. Lösungsweg: Zwischen den Einheiten Milligramm und Kilogramm liegt der Faktor 1.000.000 deswegen rechne 2 Kilogramm * 1.000.000 = 2.000.000 Milligramm.
Richtiges Ergebnis: 2.000.000 Milligramm

Aufgabe 2:

Korrekt ist hier B. Lösungsweg: Zwischen den Einheiten Dezimeter und Millimeter liegt der Faktor 100, deswegen rechne 3.250 Millimeter : 100 = 32,5 Dezimeter.
Richtiges Ergebnis: 32,5 Dezimeter

Aufgabe 3:

Korrekt ist hier C. Lösungsweg: Zwischen den Einheiten Liter und Milliliter liegt der Faktor 1.000, deswegen rechne 0,86 Milliliter : 1.000 = 0,00086 Liter.
Richtiges Ergebnis: 0,00086 Liter

Aufgabe 4:

Korrekt ist hier C. Lösungsweg: Zwischen den Einheiten Kubikmeter und Liter liegt der Faktor 1.000 deswegen rechne 20 Liter : 1.000 = 0,02 Kubikmeter.
Richtiges Ergebnis: 0,02 Kubikmeter

Aufgabe 5:

Korrekt ist hier C. Lösungsweg: Zwischen den Einheiten Stunden und Tage liegt der Faktor 24 deswegen rechne 15 Tage * 24 = 360 Stunden.
Richtiges Ergebnis: 360 Stunden

Aufgabe 6:

Korrekt ist hier B. Lösungsweg: Zwischen den Einheiten Minuten und Stunden liegt der Faktor 60 deswegen rechne 5 Stunden * 60 = 300 Minuten.
Richtiges Ergebnis: 300 Minuten

Aufgabe 7:

Korrekt ist hier B. Lösungsweg: Zwischen den Einheiten Zentimeter und Millimeter liegt der Faktor 10, deswegen rechne 2.400 Millimeter : 10 = 240 Zentimeter.
Richtiges Ergebnis: 240 Zentimeter

Aufgabe 8:

Korrekt ist hier D. Lösungsweg: Beachte Liter = Kubikdezimeter! Zwischen den Einheiten Kubikdezimeter und Kubikzentimeter liegt der Faktor 1000, deswegen rechne 549 Liter * 1000 = 549.000 Kubikzentimeter.
Richtiges Ergebnis: 549.000 Kubikzentimeter

Aufgabe 9:

Korrekt ist hier C. Lösungsweg: Zwischen den Einheiten Kilometer und Meter liegt der Faktor 1.000 deswegen rechne 56 Meter : 1.000 = 0,056 Kilometer.
Richtiges Ergebnis: 0,056 Kilometer

Aufgabe 10:

Korrekt ist hier B. Lösungsweg: Zwischen den Einheiten Kubikmeter und Kubikdezimeter liegt der Faktor 1.000, deswegen rechne 16.000 Kubikdezimeter : 1.000 = 16 Kubikmeter.
Richtiges Ergebnis: 16 Kubikmeter

Aufgabe 11:

Korrekt ist hier B. Lösungsweg: Zwischen den Einheiten Liter und Kubikmeter liegt der Faktor 1.000 deswegen rechne 40 Kubikmeter * 1.000 = 40.000 Liter.
Richtiges Ergebnis: 40.000 Liter

Aufgabe 12:

Korrekt ist hier A. Lösungsweg: Zwischen den Einheiten Dezimeter und Kilometer liegt der Faktor 10.000, deswegen rechne 0,5 Kilometer * 10.000 = 5.000 Dezimeter.
Richtiges Ergebnis: 5.000 Dezimeter

Aufgabe 13:

Korrekt ist hier D. Lösungsweg: Zwischen den Einheiten Gramm und Tonne liegt der Faktor 1.000.000, deswegen rechne 7 Tonnen * 1.000.000 = 7.000.000 Gramm.
Richtiges Ergebnis: 7.000.000 Gramm

Aufgabe 14:

Korrekt ist hier A. Lösungsweg: Zwischen den Einheiten Tonne und Kilogramm liegt der Faktor 1000, deswegen rechne 0,76 Tonnen * 1000 = 760 Kilogramm.
Richtiges Ergebnis: 760 Kilogramm

Aufgabe 15:

Korrekt ist hier A. Lösungsweg: Zwischen den Einheiten Liter und Milliliter liegt der Faktor 1000, deswegen rechne 5 Liter * 1000 = 5.000 Milliliter.
Richtiges Ergebnis: 5.000 Milliliter

Aufgabe 16:

Korrekt ist hier D. Lösungsweg: Zwischen den Einheiten Tagen und Stunden liegt der Faktor 24, deswegen rechne 264 Stunden : 24 = 11 Tage.
Richtiges Ergebnis: 11 Tage

Aufgabe 17:

Korrekt ist hier B. Lösungsweg: Zwischen den Einheiten Quadratmeter und Quadratzentimeter liegt der Faktor 10.000, deswegen rechne 520 Quadratzentimeter : 1.0.000 = 0,052 Quadratmeter.
Richtiges Ergebnis: 0,052 Quadratmeter

Aufgabe 18:

Korrekt ist hier D. Lösungsweg: Zwischen den Einheiten Sekunden und Stunden liegt der Faktor 3.600 deswegen rechne 10 Stunden * 3.600 = 36.000 Sekunden.
Richtiges Ergebnis: 36.000 Sekunden

Aufgabe 19:

Korrekt ist hier C. Lösungsweg: Zwischen den Einheiten Kubikzentimeter und Kubikmillimeter liegt der Faktor 1.000, deswegen rechne 4500 Kubikmillimeter : 1.000 = 4,5 Kubikdezimeter.
Richtiges Ergebnis: 4,5 Kubikzentimeter

Aufgabe 20:

Korrekt ist hier A. Lösungsweg: Zwischen den Einheiten Liter und Kubikdezimeter liegt der Faktor 1, deswegen rechne 3 Kubikdezimeter * 1 = 3 Liter.
Richtiges Ergebnis: 3 Liter

Selbsteinschätzung
Maße und Einheiten - Test

Auf dieser Seite kannst du deinen Lernfortschritt dokumentieren. Das hilft dir dabei, deinen Lernfortschritt zu reflektieren und ein Gefühl dafür zu bekommen, wie sicher du in diesem Themenbereich bereits bist.

Die Aufgaben dieses Tests fielen mir leicht.

○ Stimme gar nicht zu — ○ Stimme gar nicht zu — ○ Ich bin neutral — ○ Stimme eher zu — ○ Stimme voll zu

Die Aufgaben, bei denen ich mir sicher war, waren dann auch richtig.

○ Stimme gar nicht zu — ○ Stimme gar nicht zu — ○ Ich bin neutral — ○ Stimme eher zu — ○ Stimme voll zu

Ich habe die Aufgabenstellung immer gut verstanden.

○ Stimme gar nicht zu — ○ Stimme gar nicht zu — ○ Ich bin neutral — ○ Stimme eher zu — ○ Stimme voll zu

Ich war beim Lösen der Aufgaben schnell.

○ Stimme gar nicht zu — ○ Stimme gar nicht zu — ○ Ich bin neutral — ○ Stimme eher zu — ○ Stimme voll zu

Ich habe eine gute Strategie entwickelt, wie ich an die Aufgabe herangehen kann.

○ Stimme gar nicht zu — ○ Stimme gar nicht zu — ○ Ich bin neutral — ○ Stimme eher zu — ○ Stimme voll zu

TestHelden Discord-Community

Schon gewusst? Am besten lernt es sich gemeinsam. Deshalb bieten wir dir die Möglichkeit, dich mit Anderen zu vernetzen. Teile jetzt deine Ergebnisse in unserer Lerngruppe auf Discord und lass uns in den Austausch treten! Schreibe in deine Nacricht einfach das Stichwort "Lernfortschritt" und den Namen des Tests.

Zu unseren Lerngruppen geht es hier:
www.testhelden.com/discord

Übung: Geometrie

Darum geht es in dieser Übung: In diesem Themenbereich erhältst du verschiedene Aufgaben zum Thema zweidimensionale Geometrie. Dein Lernziel ist es, die Gegebenheiten und Besonderheiten in Dreiecken und Vierecken zu kennen und auf Grundlage dessen Seitenlängen und Winkel berechnen zu können.

> Tipp: Wie immer kannst du diese Seite hier nutzen, um dir einige Notizen zu machen. Du kannst zum Beispiel festhalten, welche Erwartungen du an den Test hast, was dir beim Üben aufgefallen ist oder was dir besonders schwer oder leicht gefallen ist.

🚀 Deine Notizen:

Aufgaben

Frage 1:

Wie groß ist die Summer aller WInkel in einem Dreieck?

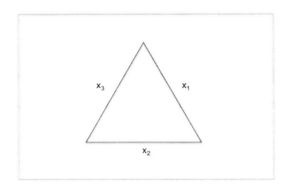

A: 160 °

B: 180 °

C: 200 °

D: 220 °

Frage 2:

Welche Besonderheiten haben Parallelogramme?

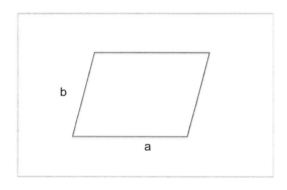

A: Die gegenüberliegenden Seiten sind nicht parallel und nur die gegenüberliegenden Winkel sind gleich groß.

B: Die gegenüberliegenden Seiten sind parallel und nur die benachbarten Winkel sind gleich groß.

C: Die gegenüberliegenden Seiten sind nicht parallel und alle Winkel sind gleich groß.

D: Die gegenüberliegenden Seiten sind parallel und nur die gegenüberliegenden Winkel sind gleich groß.

Frage 3:

Welches Volumen hat das Prisma mit rechtwinkliger Grundfläche, wenn a = 7,6 cm, b = 7 cm, c = 3 cm und h = 10 cm?

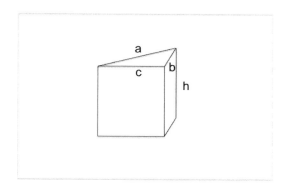

A: 100 cm³

B: 110 cm³

C: 105 cm³

D: 104 cm³

Frage 4:

Wie groß ist der Umfang des abgebildeten Kreises, wenn r = 10 cm?

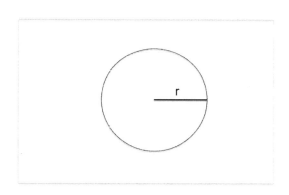

A: 50 cm

B: 60 cm

C: 62,8 cm

D: 63,8 cm

Frage 5:

Wie wird die abgebildete Fläche bezeichnet?

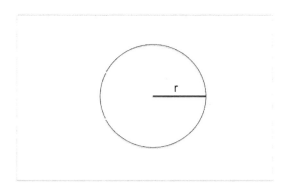

A: Kreis

B: Ellipse

C: Halbkreis

D: Kugel

Frage 6:

Was ist die Besonderheit an einem gleichseitigen Dreieck?

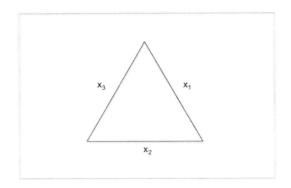

A: Es enthält einen rechten Winkel

B: Alle Seiten sind gleich lang

C: Die Innenwinkelsumme ist 200°

D: Alle Seiten sind unterschiedlich lang

Frage 7:

Wie groß ist der Flächeninhalt des Rechtecks, wenn a = 30 cm und b = 5 cm?

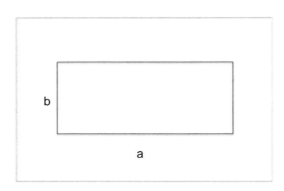

A: 70 cm²

B: 170 cm²

C: 150 cm²

D: 160 cm²

Frage 8:

Wie wird der abgebildete Körper bezeichnet?

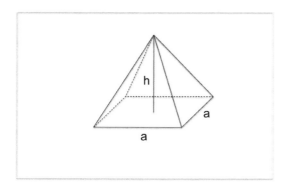

A: Kugel

B: Zylinder

C: Kegel

D: Pyramide

Frage 9:

Wie wird das Volumen des abgebildeten Quaders berechnet?

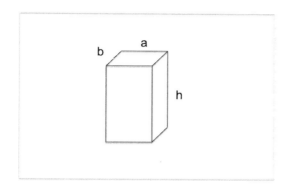

A: V = a * b * h

B: V = a * b + h

C: V = a + b * h

D: V = a + b + h

Frage 10:

Wie groß ist der Flächeninhalt des Quadrats, wenn a = 9 cm?

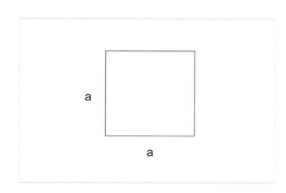

A: 81 cm²

B: 80 cm²

C: 79 cm²

D: 88 cm²

Frage 11:

Wie wird der abgebildete Körper bezeichnet?

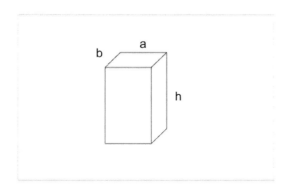

A: Würfel

B: Quader

C: Rechteck

D: Kugel

Frage 12:

Wie groß ist der Winkel auf den der Pfeil zeigt, wenn Alpha = 47,5 ° ist?

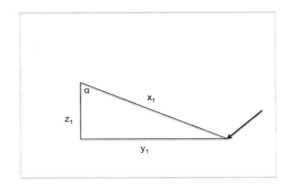

A: 40 °

B: 42,5 °

C: 45 °

D: 47,5 °

Frage 13:

Welches Volumen hat der Quader, wenn a = 5 cm, b = 3 cm und h = 7 cm sind?

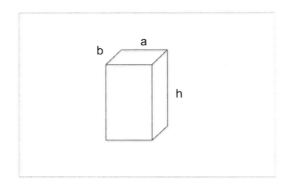

A: 100 cm³

B: 120 cm³

C: 125 cm³

D: 105 cm³

Frage 14:

Welche Oberfläche hat der Zylinder, wenn r = 5 cm und h = 7 cm?

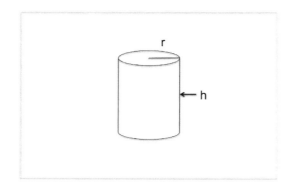

A: 377 (120Pi) cm²

B: 345,6 (110Pi) cm²

C: 329,9 (105Pi) cm²

D: 361,3 (115Pi) cm²

Frage 15:

Wie wird der abgebildete Körper bezeichnet?

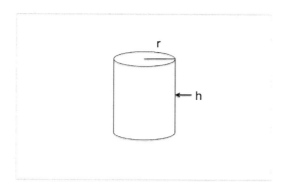

A: Kugel

B: Zylinder

C: Kegel

D: Pyramide

Frage 16:

Wie wird die Oberfläche des abgebildeten Prismas berechnet, wenn die Grundfläche ein rechtwinkliges Dreieck ist?

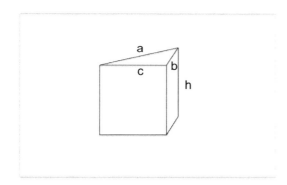

A: A = b * c + h * (a + b + c)

B: A = a * b * c * h

C: A = a * c + h * b

D: A = h * a * b + c

Frage 17:

Wie groß ist der Winkel auf den der Pfeil zeigt?

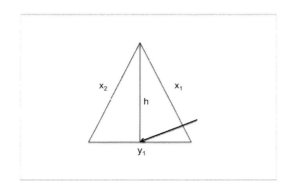

A: 70 °

B: 80 °

C: 90 °

D: 100 °

Frage 18:

Welches Volumen hat der Quader, wenn a = 6 cm, b = 2 cm und h = 12 cm sind?

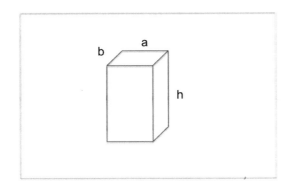

A: 100 cm³

B: 120 cm³

C: 144 cm³

D: 140 cm³

Frage 19:

Wie lang ist Y1, wenn Z1 = 5 cm und X1 = 10 cm lang sind?

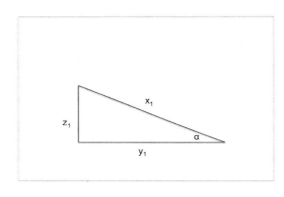

A: 8 cm

B: 7,8 cm

C: 8,7 cm

D: 10 cm

Frage 20:

Wie wird das Volumen des abgebildeten Würfels berechnet?

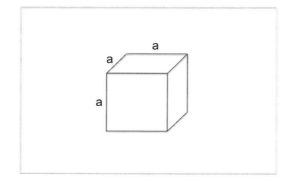

A: V = a + a * a

B: V = a * a * a

C: V = a + a + a

D: V = a * a

Lösungen

Aufgabe 1:

Korrekt ist hier B.

Aufgabe 2:

Korrekt ist hier D.

Aufgabe 3:

Korrekt ist hier C. 1/2 * c * b = 10,5 cm²
10,5 cm² * 10 cm = 105 cm³

Aufgabe 4:

Korrekt ist hier C. 2 * Pi * 10 cm = 62,8 cm

Aufgabe 5:

Korrekt ist hier A.

Aufgabe 6:

Korrekt ist hier B.

Aufgabe 7:

Korrekt ist hier C. a * b = A
14 cm * 5 cm = 150 cm²

Aufgabe 8:

Korrekt ist hier D.

Aufgabe 9:

Korrekt ist hier A.

Aufgabe 10:

Korrekt ist hier A. 9 cm * 9 cm = 81 cm²

Aufgabe 11:

Korrekt ist hier B.

Aufgabe 12:

Korrekt ist hier B. 180 ° - 90 ° - 47,5 ° = 42,5 °

Aufgabe 13:

Korrekt ist hier D. a * b * h = V
5 cm * 3 cm * 7 cm = 105 cm³

Aufgabe 14:

Korrekt ist hier A. r + h = 12 cm, 2 * Pi * r * 12 cm = 120Pi cm²
120Pi cm² = 377 cm²

Aufgabe 15:

Korrekt ist hier B.

Aufgabe 16:

Korrekt ist hier A. Die Grundfläche: 1/2 b * c gibt es 2 mal -> b * c
Jede Kante der Dreiecksfläche spannt eine weitere Fläche mit der Höhe auf.
Diese werden je mit a * h, b * h und c * h berechnet.

Aufgabe 17:

Korrekt ist hier C.

Aufgabe 18:

Korrekt ist hier C. a * b * h = V
6 cm * 2 cm * 12 cm = 144 cm³

Aufgabe 19:

Korrekt ist hier C. (10 cm)² = 100 cm²
(5 cm)² = 25 cm²
100 cm² - 25 cm² = 75 cm²
√75 cm² = 8,7 cm

Aufgabe 20:

Korrekt ist hier B.

Selbsteinschätzung
Geometrie - Test

Auf dieser Seite kannst du deinen Lernfortschritt dokumentieren. Das hilft dir dabei, deinen Lernfortschritt zu reflektieren und ein Gefühl dafür zu bekommen, wie sicher du in diesem Themenbereich bereits bist.

Die Aufgaben dieses Tests fielen mir leicht.
○ Stimme gar nicht zu — ○ Stimme gar nicht zu — ○ Ich bin neutral — ○ Stimme eher zu — ○ Stimme voll zu

Die Aufgaben, bei denen ich mir sicher war, waren dann auch richtig.
○ Stimme gar nicht zu — ○ Stimme gar nicht zu — ○ Ich bin neutral — ○ Stimme eher zu — ○ Stimme voll zu

Ich habe die Aufgabenstellung immer gut verstanden.
○ Stimme gar nicht zu — ○ Stimme gar nicht zu — ○ Ich bin neutral — ○ Stimme eher zu — ○ Stimme voll zu

Ich war beim Lösen der Aufgaben schnell.
○ Stimme gar nicht zu — ○ Stimme gar nicht zu — ○ Ich bin neutral — ○ Stimme eher zu — ○ Stimme voll zu

Ich habe eine gute Strategie entwickelt, wie ich an die Aufgabe herangehen kann.
○ Stimme gar nicht zu — ○ Stimme gar nicht zu — ○ Ich bin neutral — ○ Stimme eher zu — ○ Stimme voll zu

---

TestHelden Discord-Community

Schon gewusst? Am besten lernt es sich gemeinsam. Deshalb bieten wir dir die Möglichkeit, dich mit Anderen zu vernetzen. Teile jetzt deine Ergebnisse in unserer Lerngruppe auf Discord und lass uns in den Austausch treten! Schreibe in deine Nacricht einfach das Stichwort "Lernfortschritt" und den Namen des Tests.

Zu unseren Lerngruppen geht es hier:
www.testhelden.com/discord

Übung: Zahlenreihe

Darum geht es in dieser Übung: In diesem Themenbereich findest du Aufgaben zum Thema Erkennen und Aufstellen von Zahlenreihen. Dein Lernziel ist es, die Logik einer Zahlenreihe verstehen und weiterzuführen zu können.

> Tipp: Wie immer kannst du diese Seite hier nutzen, um dir einige Notizen zu machen. Du kannst zum Beispiel festhalten, welche Erwartungen du an den Test hast, was dir beim Üben aufgefallen ist oder was dir besonders schwer oder leicht gefallen ist.

🚀 Deine Notizen:

Aufgaben

Frage 1:

Welche Zahl folgt in dieser Zahlenreihe als nächstes?
34 | 38 | 44 | 52 | 62 | 74

Deine Lösung:

✎ _____

Frage 2:

Welche Zahl folgt in dieser Zahlenreihe als nächstes?
44 | 52 | 61 | 71 | 82 | 94

Deine Lösung:

✎ _____

Frage 3:

Setze die Zahlenreihe fort. Welche Zahl wäre die nächste Zahl?
2 | -4 | 8 | -16 | 32 | -64

Deine Lösung:

✎ _____

Frage 4:

Welche Zahl folgt in dieser Zahlenreihe als nächstes?
4 | 12 | 21 | 31 | 42 | 54

Deine Lösung:

✎ _____

Frage 5:

Gegeben ist eine Zahlenreihe. Welche Zahl würde in der Zahlenreihe als nächste Zahl kommen?
1 | 2 | 0 | 4 | -4 | 12

Deine Lösung:

✎ _____

Frage 6:

Mit welcher Zahl lässt sich diese Zahlenreihe fortsetzen?
95 | -100 | 105 | -110 | 115 | -120

Deine Lösung:

_____

Frage 7:

Welche Zahl folgt in dieser Zahlenreihe als nächstes?
-41 | -37 | -32 | -26 | -19 | -11

Deine Lösung:

_____

Frage 8:

Mit welcher Zahl würde diese Zahlenreihe weitergehen?
27 | 37 | 47 | 57 | 67 | 77

Deine Lösung:

_____

Frage 9:

Gegeben ist eine Zahlenreihe. Welche Zahl würde in der Zahlenreihe als nächste Zahl kommen?
4 | -6 | 14 | -26 | 54 | -106

Deine Lösung:

_____

Frage 10:

Sieh dir diese Zahlenreihe an. Welche Zahl würde als nächstes kommen?
33 | 26 | 19 | 12 | 5 | -2

Deine Lösung:

_____

Frage 11:

Welche Zahl folgt in dieser Zahlenreihe als nächstes?
-9 | -4 | 4 | 15 | 29 | 46

Deine Lösung:

_____

Frage 12:

Mit welcher Zahl würde diese Zahlenreihe weitergehen?
-42 | -36 | -30 | -24 | -18 | -12

Deine Lösung:

_____

Frage 13:

Welche Zahl folgt in dieser Zahlenreihe als nächstes?
-47 | -40 | -30 | -17 | -1 | 18

Deine Lösung:

_____

Frage 14:

Welche Zahl folgt in dieser Zahlenreihe als nächstes?
-22 | -16 | -9 | -1 | 8 | 18

Deine Lösung:

_____

Frage 15:

Welche Zahl setzt die Zahlenreihe logisch fort?
24, 48, 12, 24, 6, 12, ?

Deine Lösung:

_____

Frage 16:

Welche Zahl folgt in dieser Zahlenreihe als nächstes?
-11 | -5 | 2 | 10 | 19 | 29

Deine Lösung:

✎ _____

Frage 17:

Gegeben ist eine Zahlenreihe. Welche Zahl würde in der Zahlenreihe als nächste Zahl kommen?
2 | -2 | 6 | -10 | 22 | -42

Deine Lösung:

✎ _____

Frage 18:

Mit welcher Zahl lässt sich diese Zahlenreihe fortsetzen?
39 | -42 | 45 | -48 | 51 | -54

Deine Lösung:

✎ _____

Frage 19:

Gegeben ist eine Zahlenreihe. Welche Zahl würde in der Zahlenreihe als nächste Zahl kommen?
2 | 6 | 14 | 30 | 62 | 126

Deine Lösung:

✎ _____

Frage 20:

Gegeben ist eine Zahlenreihe. Welche Zahl würde in der Zahlenreihe als nächste Zahl kommen?
4 | -4 | 12 | -20 | 44 | -84

Deine Lösung:

✎ _____

Lösungen

Aufgabe 1:

Korrekt ist hier 88. In jedem Schritt wird 4 addiert und die addierte Zahl (4) um 2 vergrößert.

Aufgabe 2:

Korrekt ist hier 107. In jedem Schritt wird 8 addiert und die addierte Zahl (8) um 1 vergrößert.

Aufgabe 3:

Korrekt ist hier 128. Multipliziere die letzte Zahl mit -2.

Aufgabe 4:

Korrekt ist hier 67. In jedem Schritt wird 8 addiert und die addierte Zahl (8) um 1 vergrößert.

Aufgabe 5:

Korrekt ist hier -20. Multipliziere die letzten Zahl der Reihe mit -2. Füge dann 4 hinzu.

Aufgabe 6:

Korrekt ist hier 125. Mit jedem Schritt wird 5 addiert. Auf positive Zahlen folgen immer negative Zahlen. Und auf negative Zahlen folgen immer positive. Addiere also 5 und ändere das Vorzeichen.

Aufgabe 7:

Korrekt ist hier -2. In jedem Schritt wird 4 addiert und die addierte Zahl (4) um 1 vergrößert.

TestHelden

Aufgabe 8:

Korrekt ist hier 87. Füge der letzten Zahl der Reihe 10 hinzu – und schon hast du die Lösung.

Aufgabe 9:

Korrekt ist hier 214. Multipliziere die letzten Zahl der Reihe mit -2. Füge dann 2 hinzu.

Aufgabe 10:

Korrekt ist hier -9. Ziehe 7 von der letzten Zahl ab und du findest die Lösung.

Aufgabe 11:

Korrekt ist hier 66. In jedem Schritt wird 5 addiert und die addierte Zahl (5) um 3 vergrößert.

Aufgabe 12:

Korrekt ist hier -6. Füge der letzten Zahl der Reihe 6 hinzu – und schon hast du die Lösung.

Aufgabe 13:

Korrekt ist hier 40. In jedem Schritt wird 7 addiert und die addierte Zahl (7) um 3 vergrößert.

Aufgabe 14:

Korrekt ist hier 29. In jedem Schritt wird 6 addiert und die addierte Zahl (6) um 1 vergrößert.

Aufgabe 15:
Die richtige Antwort ist: 3

Aufgabe 16:

Korrekt ist hier 40. In jedem Schritt wird 6 addiert und die addierte Zahl (6) um 1 vergrößert.

Aufgabe 17:

Korrekt ist hier 86. Multipliziere die letzten Zahl der Reihe mit -2. Füge dann 2 hinzu. Du kommst auf 86, indem du 42*-2 rechnest und dann 2 addierst.

Aufgabe 18:

Korrekt ist hier 57. Mit jedem Schritt wird 3 addiert. Auf positive Zahlen folgen immer negative Zahlen. Und auf negative Zahlen folgen immer positive. Addiere also 3 und ändere das Vorzeichen.

Aufgabe 19:

Korrekt ist hier 254. Multipliziere die letzten Zahl der Reihe mit 2. Füge dann 2 hinzu.

Aufgabe 20:

Korrekt ist hier 172. Multipliziere die letzten Zahl der Reihe mit -2. Füge dann 4 hinzu.

TestHelden

Selbsteinschätzung
Zahlenreihe - Test

Auf dieser Seite kannst du deinen Lernfortschritt dokumentieren. Das hilft dir dabei, deinen Lernfortschritt zu reflektieren und ein Gefühl dafür zu bekommen, wie sicher du in diesem Themenbereich bereits bist.

Die Aufgaben dieses Tests fielen mir leicht.

○ Stimme gar nicht zu — ○ Stimme gar nicht zu — ○ Ich bin neutral — ○ Stimme eher zu — ○ Stimme voll zu

Die Aufgaben, bei denen ich mir sicher war, waren dann auch richtig.

○ Stimme gar nicht zu — ○ Stimme gar nicht zu — ○ Ich bin neutral — ○ Stimme eher zu — ○ Stimme voll zu

Ich habe die Aufgabenstellung immer gut verstanden.

○ Stimme gar nicht zu — ○ Stimme gar nicht zu — ○ Ich bin neutral — ○ Stimme eher zu — ○ Stimme voll zu

Ich war beim Lösen der Aufgaben schnell.

○ Stimme gar nicht zu — ○ Stimme gar nicht zu — ○ Ich bin neutral — ○ Stimme eher zu — ○ Stimme voll zu

Ich habe eine gute Strategie entwickelt, wie ich an die Aufgabe herangehen kann.

○ Stimme gar nicht zu — ○ Stimme gar nicht zu — ○ Ich bin neutral — ○ Stimme eher zu — ○ Stimme voll zu

TestHelden Discord-Community

Schon gewusst? Am besten lernt es sich gemeinsam. Deshalb bieten wir dir die Möglichkeit, dich mit Anderen zu vernetzen. Teile jetzt deine Ergebnisse in unserer Lerngruppe auf Discord und lass uns in den Austausch treten! Schreibe in deine Nacricht einfach das Stichwort "Lernfortschritt" und den Namen des Tests.

Zu unseren Lerngruppen geht es hier:
www.testhelden.com/discord

Übung: Sprachanalogien

Darum geht es in dieser Übung: In diesem Themenbereich findest du Aufgaben zu sprachlichen Analogien zwischen zwei Systemen. Dein Lernziel ist es, die Logik bzw. den Zusammenhang der Wörter zu verstehen und auf das zweite System anzuwenden.

> Tipp: Wie immer kannst du diese Seite hier nutzen, um dir einige Notizen zu machen. Du kannst zum Beispiel festhalten, welche Erwartungen du an den Test hast, was dir beim Üben aufgefallen ist oder was dir besonders schwer oder leicht gefallen ist.

🚀 Deine Notizen:

Aufgaben

Frage 1:

Metall/feilen = Holz/?

- ☐ A: schneiden
- ☐ B: sägen
- ☐ C: hobeln
- ☐ D: bohren

Frage 2:

klein/winzig = warm/?

- ☐ A: siedend
- ☐ B: hitzig
- ☐ C: kalt
- ☐ D: heiß

Frage 3:

Asien/China = Südamerika/?

- ☐ A: Mexiko
- ☐ B: Peru
- ☐ C: Elfenbeinküste
- ☐ D: Ghana

Frage 4:

Kugelschreiber/Mine = Kokosnuss/?

- ☐ A: Fruchtfleisch
- ☐ B: Schale
- ☐ C: Palme
- ☐ D: Kokosöl

Frage 5:

Quadrat/Wurzel = Mal/?

- ☐ A: Pflanze
- ☐ B: Minus
- ☐ C: Blatt
- ☐ D: Durch

Frage 6:

Ende/Anfang = Ziel/?

- ☐ A: Beginn
- ☐ B: Start
- ☐ C: Auftakt
- ☐ D: Eröffnung

Frage 7:

Tuba/Ton = Föhn/?

- ☐ A: Luft
- ☐ B: Hauch
- ☐ C: warm
- ☐ D: trocken

Frage 8:

trocken/nass = dunkel/?

- ☐ A: Nacht
- ☐ B: Tag
- ☐ C: hell
- ☐ D: feucht

Frage 9:

Boot/Flugzeug = schwimmen/?

- ☐ A: fahren
- ☐ B: baden
- ☐ C: starten
- ☐ D: fliegen

Frage 10:

Obst/Pfirsich = Auto/?

- ☐ A: Fahrzeug
- ☐ B: Audi
- ☐ C: Motorrad
- ☐ D: Fahren

Frage 11:

Hand / Finger = Fuß / ?

- ☐ A: Zehen
- ☐ B: Knöchel
- ☐ C: Zähne
- ☐ D: Nagel

Frage 12:

Frisör/Schere = Zimmermann/?

- ☐ A: Rasenmäher
- ☐ B: Hobel
- ☐ C: Computer
- ☐ D: Pfanne

Frage 13:

Hüfte/Fußgelenk = Schulter/?

- ☐ A: Knie
- ☐ B: Knochen
- ☐ C: Handgelenk
- ☐ D: Gelenk

Frage 14:

Mütze/Kopf = Schuh/?

- ☐ A: Sohle
- ☐ B: Strumpf
- ☐ C: Fuß
- ☐ D: Leder

Frage 15:

Bogen/Gewehr = Pfeil/?

- ☐ A: Pistole
- ☐ B: Schuss
- ☐ C: Patrone
- ☐ D: Blei

Frage 16:

Abwasser/Kanalisation = Strom/?

- ☐ A: Hochspannungsleitung
- ☐ B: Steckdose
- ☐ C: Wasser
- ☐ D: Kraftwerk

Frage 17:

Hemd/Fleck = Computer/?

- ☐ A: Maus
- ☐ B: Tastatur
- ☐ C: Betriebssystem
- ☐ D: Virus

Frage 18:

Aquarium/Fisch = Dose/?

- ☐ A: Beutel
- ☐ B: Tüte
- ☐ C: Bonbon
- ☐ D: Blech

Frage 19:

gestehen/verhören = diagnostizieren/?

- ☐ A: heilen
- ☐ B: Krankheit
- ☐ C: untersuchen
- ☐ D: Befund

Frage 20:

gestern/erinnern = morgen/?

- ☐ A: besorgen
- ☐ B: aufstehen
- ☐ C: befürchten
- ☐ D: erwarten

Lösungen

Aufgabe 1:

Korrekt ist hier C.

Aufgabe 2:

Korrekt ist hier B.

Aufgabe 3:

Korrekt ist hier B.

Aufgabe 4:

Korrekt ist hier A.

Aufgabe 5:

Korrekt ist hier D.

Aufgabe 6:

Korrekt ist hier B.

Aufgabe 7:

Korrekt ist hier A.

Aufgabe 8:

Korrekt ist hier C.

Aufgabe 9:

Korrekt ist hier D.

Aufgabe 10:

Korrekt ist hier B.

Aufgabe 11:

Korrekt ist hier A.

Aufgabe 12:

Korrekt ist hier B.

Aufgabe 13:

Korrekt ist hier C.

Aufgabe 14:

Korrekt ist hier C.

Aufgabe 15:

Korrekt ist hier C.

Aufgabe 16:

Korrekt ist hier A.

Aufgabe 17:

Korrekt ist hier D.

Aufgabe 18:

Korrekt ist hier C.

Aufgabe 19:

Korrekt ist hier C.

Aufgabe 20:

Korrekt ist hier D.

Selbsteinschätzung

Sprachanalogien - Test

Auf dieser Seite kannst du deinen Lernfortschritt dokumentieren. Das hilft dir dabei, deinen Lernfortschritt zu reflektieren und ein Gefühl dafür zu bekommen, wie sicher du in diesem Themenbereich bereits bist.

Die Aufgaben dieses Tests fielen mir leicht.
○ Stimme gar nicht zu — ○ Stimme gar nicht zu — ○ Ich bin neutral — ○ Stimme eher zu — ○ Stimme voll zu

Die Aufgaben, bei denen ich mir sicher war, waren dann auch richtig.
○ Stimme gar nicht zu — ○ Stimme gar nicht zu — ○ Ich bin neutral — ○ Stimme eher zu — ○ Stimme voll zu

Ich habe die Aufgabenstellung immer gut verstanden.
○ Stimme gar nicht zu — ○ Stimme gar nicht zu — ○ Ich bin neutral — ○ Stimme eher zu — ○ Stimme voll zu

Ich war beim Lösen der Aufgaben schnell.
○ Stimme gar nicht zu — ○ Stimme gar nicht zu — ○ Ich bin neutral — ○ Stimme eher zu — ○ Stimme voll zu

Ich habe eine gute Strategie entwickelt, wie ich an die Aufgabe herangehen kann.
○ Stimme gar nicht zu — ○ Stimme gar nicht zu — ○ Ich bin neutral — ○ Stimme eher zu — ○ Stimme voll zu

TestHelden Discord-Community

Schon gewusst? Am besten lernt es sich gemeinsam. Deshalb bieten wir dir die Möglichkeit, dich mit Anderen zu vernetzen. Teile jetzt deine Ergebnisse in unserer Lerngruppe auf Discord und lass uns in den Austausch treten! Schreibe in deine Nacricht einfach das Stichwort "Lernfortschritt" und den Namen des Tests.

Zu unseren Lerngruppen geht es hier:
www.testhelden.com/discord

Übung: Textaufgaben

Darum geht es in dieser Übung: In diesem Themenbereich findest du verschiedene Textaufgaben. Dein Lernziel ist es, die mathematische Aufgabe dahinter zu erkennen und zu lösen.

> Tipp: Wie immer kannst du diese Seite hier nutzen, um dir einige Notizen zu machen. Du kannst zum Beispiel festhalten, welche Erwartungen du an den Test hast, was dir beim Üben aufgefallen ist oder was dir besonders schwer oder leicht gefallen ist.

🚀 Deine Notizen:

Aufgaben

Frage 1:

Du nimmst an einem Laufwettbewerb teil. Beim Endspurt überholst du den Vierten und Dritten Läufer.
Anschließend wirst du jedoch von drei Weiteren überholt. Auf welchem Platz landest du?

- ☐ A: 4. Platz
- ☐ B: 5. Platz
- ☐ C: 6. Platz
- ☐ D: 7. Platz

Frage 2:

Von 30 Testaufgaben haben Sie 18 richtig. Wie viel Prozent sind das?

- ☐ A: 55 %
- ☐ B: 60 %
- ☐ C: 65 %
- ☐ D: 70 %

Frage 3:

Frau Sondermann kauft in einem Modegeschäft ein. Die Sachen, für die sie sich entschieden hat, haben folgende Preise. Ein Kleid für 27EUR, einen Blazer für 48EUR und ein Hut für 32EUR. Der Blazer und der Hüte sind im Geschäft reduziert. Hierfür zahlt Frau Sondermann nur die Hälfte des Preises. Sie bezahlt die Rechnung mit einem 200-Euro-Schein. Wie viel Geld bekommt Frau Sondermann zurück?

- ☐ A: Frau Sondermann muss 68 € bezahlen, somit bekommt sie 133 € als Rückgeld.
- ☐ B: Frau Sondermann muss 83 € bezahlen, somit bekommt sie 117 € als Rückgeld.
- ☐ C: Frau Sondermann muss 60 € bezahlen, somit bekommt sie 140 € als Rückgeld.
- ☐ D: Frau Sondermann muss 59 € bezahlen, somit bekommt sie 149 € als Rückgeld.

Frage 4:

Dividiere die Summe aus 90 und 36 durch die Zahl 9.

- ☐ A: Ergebnis: 11
- ☐ B: Ergebnis: 16
- ☐ C: Ergebnis: 13
- ☐ D: Ergebnis: 14

Frage 5:

Wenn ein Kilogramm Kiwis 6,5 Euro kostet, wie viel kosten dann 5 Kilogramm?

- ☐ A: 32,5 Euro
- ☐ B: 35 Euro
- ☐ C: 37,5 Euro
- ☐ D: 40 Euro

Frage 6:

Joseph geht in den Kisko und möchte 20 Softeis kaufen. Ein Softeis kostet 1,2 Euro. Ihm stehen jedoch zwei Angebote zur Verfügung: Angebot 1 - 5 Softeis für 6,1 Euro oder Angebot 2 - 10 Softeis für 12,2 Euro. Sollte Joseph eins der Angebote annehmen?

- ☐ A: Nein
- ☐ B: Ja, das erste Angebot.
- ☐ C: Ja, das zweite Angebot.
- ☐ D: Ja, beide Angebote sind gleich gut.

Frage 7:

Morgen ist endlich Freitag. Welcher Tag war vor vier Tagen?

- ☐ A: Sonntag
- ☐ B: Montag
- ☐ C: Samstag
- ☐ D: Donnerstag

Frage 8:

Ein Land hat insgesamt 8 Einwohner. Niemand, der mehr als 95 Kg schwer ist, kann Kanzler werden. Die Einwohner des Landes sind 91 Kg, 90 Kg, 105 Kg, 87 Kg, 71 Kg, 110 Kg, 150 Kg, 95 Kg schwer. Wie viele Kanzler gibt es?

- ☐ A: 2
- ☐ B: 3
- ☐ C: 4
- ☐ D: 5

Frage 9:

Wenn 8 Orangen 7 Euro kosten, wie viel kosten dann 12 Orangen?

- A: 10 Euro
- B: 10,5 Euro
- C: 11 Euro
- D: 11,5 Euro

Frage 10:

Joseph geht in den Kisko und möchte 20 Softeis kaufen. Ein Softeis kostet 1,2 Euro. Ihm stehen jedoch zwei Angebote zur Verfügung: Angebot 1 - 5 Softeis für 5,8 Euro oder Angebot 2 - 10 Softeis für 11,8 Euro. Sollte Joseph eins der Angebote annehmen?

- A: Nein
- B: Ja, das erste Angebot.
- C: Ja, das zweite Angebot.
- D: Ja, beide Angebote sind gleich gut.

Frage 11:

Eine Wespe hat sechs Beine, ein Floh hat ebenso sechs Beine. Vier Wespen und sechs Flöhe haben genauso viele Beine, wie 15 Enten und …?

- A: 5 Bienen
- B: 6 Esel
- C: 7 Spatzen
- D: 8 Gänse

Frage 12:

Du hast 35,50 Euro. Wie oft kannst du 4 Euro ausgeben?

- A: 7 Mal
- B: 8 Mal
- C: 9 Mal
- D: 10 Mal

Frage 13:

Eine Person sagt: „In 2 Jahren bin ich doppelt so alt, wie ich vor 4 Jahren war."
Wie alt ist die Person?

- ☐ A: 10 Jahre
- ☐ B: 12 Jahre
- ☐ C: 8 Jahre
- ☐ D: 14 Jahre

Frage 14:

Wenn 4,5 m Teppich 90 Euro kosten, wie viel Euro kosten dann 2,5 m ?

- ☐ A: 40 Euro
- ☐ B: 45 Euro
- ☐ C: 50 Euro
- ☐ D: 55 Euro

Frage 15:

Morgen ist Dienstag. Welcher Tag war vor fünf Tagen?

- ☐ A: Montag
- ☐ B: Dienstag
- ☐ C: Mittwoch
- ☐ D: Donnerstag

Frage 16:

Die Klasse 9b hat 30 Schüler. Heute sind 5 Schüler abwesend. Wie viel Prozent der Schüler sind heute abwesend?

- ☐ A: 17%
- ☐ B: 37%
- ☐ C: 83%
- ☐ D: 93%

Frage 17:

Eine Hornisse hat sechs Beine, ein Floh hat ebenso sechs Beine. Zwei Hornissen und fünf Flöhe haben genauso viele Beine, wie 11 Gänse und ...?

- ☐ A: 2 Katzen
- ☐ B: 3 Hunde
- ☐ C: 4 Pferde
- ☐ D: 5 Esel

Frage 18:

Vor sechs Tagen war zwei Tage vor Donnerstag. Welcher Tag ist morgen?

- ☐ A: Samstag
- ☐ B: Mittwoch
- ☐ C: Montag
- ☐ D: Dienstag

Frage 19:

Eine Person sagt: „In 2 Jahren bin ich doppelt so alt, wie ich vor 5 Jahren war." Wie alt ist die Person?

- ☐ A: 8 Jahre
- ☐ B: 9 Jahre
- ☐ C: 10 Jahre
- ☐ D: 12 Jahre

Frage 20:

Rudolf ist langsamer als Anna. Anna ist schneller als Jonas. Rudolf ist langsamer als Marco. Marco ist schneller als Anna. Wer ist der schnellste?

- ☐ A: Anna
- ☐ B: Jonas
- ☐ C: Marco
- ☐ D: Rudolf

Lösungen

Aufgabe 1:

Korrekt ist hier C. Wenn du den Dritten überholst, bist du selbst auf dem dritten Platz. Wirst du von 3 Weiteren überholt, landest du auf dem 6. Platz.

Aufgabe 2:

Korrekt ist hier B.

Aufgabe 3:

Korrekt ist hier B.

Aufgabe 4:

Korrekt ist hier D.

Aufgabe 5:

Korrekt ist hier A. 5 Kilogramm Kiwis kosten 5 * 6,5 Euro = 32,5 Euro.

Aufgabe 6:

Korrekt ist hier A. 20 * 1,2 Euro = 24 Euro.
4 * 6,1 Euro = 24,4 Euro.
2 * 12,2 Euro = 24,40 Euro. Deswegen keins der beiden Angebote.

Aufgabe 7:

Korrekt ist hier A. Heute ist Donnerstag. 4 Tage zuvor war Sonntag.

Aufgabe 8:

Korrekt ist hier D. Einwohner, die nicht mehr als 95 Kg wiegen: 91 Kg, 90 Kg, 87 Kg, 71 Kg, 95 Kg. Deswegen gibt es 5 Kanzler.

TestHelden

Aufgabe 9:

Korrekt ist hier B. Eine Orange kostet: 7 Euro / 8 = 7/8 Euro.
7/8 Euro * 12 = 7 * 3/2 Euro = 10,5 Euro.

Aufgabe 10:

Korrekt ist hier B. 20 * 1,2 Euro = 24 Euro.
4 * 5,8 Euro = 23,20 Euro.
2 * 11,8 Euro = 23,60 Euro. Deswegen Angebot 1.

Aufgabe 11:

Korrekt ist hier A. 10 * 6 Beine = 60 Beine. 15 * 2 Beine = 30 Beine.
60 - 30 = 30. Nur 5 Bienen haben 30 Beine.

Aufgabe 12:

Korrekt ist hier B. 36 Euro / 4 Euro = 9 Mal, da es aber 35,50 Euro sind, kann nur 8 Mal 4 Euro ausgegeben werden.

Aufgabe 13:

Korrekt ist hier A. In einer Gleichung würde das bedeuten: (x + 2) = 2 * (x - 4) <brz/>
Nach Umstellung von x auf eine Seite erhält man: 2 = x - 8.
Durch Auflösen der Gleichung erhält man das Ergebnis x = 2 + 8 = 10 Jahre.

Aufgabe 14:

Korrekt ist hier C.

Aufgabe 15:

Korrekt ist hier C. Heute ist Montag. 5 Tage zuvor war Mittwoch.

Aufgabe 16:

Korrekt ist hier A. 5 / 30 = 0,166 = 17 %.

Aufgabe 17:

Korrekt ist hier D. 7 * 6 Beine = 42 Beine. 11 * 2 Beine = 22 Beine.
42 - 22 = 20. Nur 5 Esel haben 20 Beine.

Aufgabe 18:

Korrekt ist hier D.

Aufgabe 19:

Korrekt ist hier D. In einer Gleichung würde das bedeuten: (x + 2) = 2 * (x - 5) <brz/>
Nach Umstellung von x auf eine Seite erhält man: 2 = x - 10.
Durch Auflösen der Gleichung erhält man das Ergebnis x = 10 + 2 = 12 Jahre

Aufgabe 20:

Korrekt ist hier C. Marco ist schneller als Anna und Rudolf. Anna ist schneller als Jonas, deswegen kann nur Marco der schnellste sein.

Selbsteinschätzung
Textaufgaben - Test

Auf dieser Seite kannst du deinen Lernfortschritt dokumentieren. Das hilft dir dabei, deinen Lernfortschritt zu reflektieren und ein Gefühl dafür zu bekommen, wie sicher du in diesem Themenbereich bereits bist.

Die Aufgaben dieses Tests fielen mir leicht.
○ Stimme gar nicht zu — ○ Stimme gar nicht zu — ○ Ich bin neutral — ○ Stimme eher zu — ○ Stimme voll zu

Die Aufgaben, bei denen ich mir sicher war, waren dann auch richtig.
○ Stimme gar nicht zu — ○ Stimme gar nicht zu — ○ Ich bin neutral — ○ Stimme eher zu — ○ Stimme voll zu

Ich habe die Aufgabenstellung immer gut verstanden.
○ Stimme gar nicht zu — ○ Stimme gar nicht zu — ○ Ich bin neutral — ○ Stimme eher zu — ○ Stimme voll zu

Ich war beim Lösen der Aufgaben schnell.
○ Stimme gar nicht zu — ○ Stimme gar nicht zu — ○ Ich bin neutral — ○ Stimme eher zu — ○ Stimme voll zu

Ich habe eine gute Strategie entwickelt, wie ich an die Aufgabe herangehen kann.
○ Stimme gar nicht zu — ○ Stimme gar nicht zu — ○ Ich bin neutral — ○ Stimme eher zu — ○ Stimme voll zu

TestHelden Discord-Community

Schon gewusst? Am besten lernt es sich gemeinsam. Deshalb bieten wir dir die Möglichkeit, dich mit Anderen zu vernetzen. Teile jetzt deine Ergebnisse in unserer Lerngruppe auf Discord und lass uns in den Austausch treten! Schreibe in deine Nacricht einfach das Stichwort "Lernfortschritt" und den Namen des Tests.

Zu unseren Lerngruppen geht es hier:
www.testhelden.com/discord

Übung: Wörter ermitteln

Darum geht es in dieser Übung: In diesem Themenbereich findest du einen Mix aus Buchstaben, mit denen du das richtige Wort bilden sollst. Dein Lernziel ist es, durch logisches Denken den Buchstabenmix zu einem sinnvollen Wort zusammenzusetzen.

> Tipp: Wie immer kannst du diese Seite hier nutzen, um dir einige Notizen zu machen. Du kannst zum Beispiel festhalten, welche Erwartungen du an den Test hast, was dir beim Üben aufgefallen ist oder was dir besonders schwer oder leicht gefallen ist.

🚀 Deine Notizen:

Aufgaben

Frage 1:

Welches Wort kannst du aus den folgenden Buchstaben bilden?
AOTU

Deine Lösung:

✎ _____

Frage 2:

Welches Wort kannst du aus den folgenden Buchstaben bilden?
MTUPOERC

Deine Lösung:

✎ _____

Frage 3:

Welches Wort kannst du aus den folgenden Buchstaben bilden?
RTAIONDIT

Deine Lösung:

✎ _____

Frage 4:

Welches Wort kannst du aus den folgenden Buchstaben bilden?
TSASNEANDK

Deine Lösung:

✎ _____

Frage 5:

Welches Wort kannst du aus den folgenden Buchstaben bilden?
HCTLI

Deine Lösung:

✎ _____

Frage 6:

Welches Wort kannst du aus den folgenden Buchstaben bilden?
LEFZGUUG

Deine Lösung:

✏️ _____

Frage 7:

Welches Wort kannst du aus den folgenden Buchstaben bilden?
YRMIPADE

Deine Lösung:

✏️ _____

Frage 8:

Welches Wort kannst du aus den folgenden Buchstaben bilden?
ÜRERKRAHFN

Deine Lösung:

✏️ _____

Frage 9:

Welches Wort kannst du aus den folgenden Buchstaben bilden?
MBAU

Deine Lösung:

✏️ _____

Frage 10:

Welches Wort kannst du aus den folgenden Buchstaben bilden?
RÜHTSÜCFK

Deine Lösung:

✏️ _____

Frage 11:

Welches Wort kannst du aus den folgenden Buchstaben bilden?
GOHNNWU

Deine Lösung:

✎ _____

Frage 12:

Welches Wort kannst du aus den folgenden Buchstaben bilden?
DERNLAKE

Deine Lösung:

✎ _____

Frage 13:

Welches Wort kannst du aus den folgenden Buchstaben bilden?
HCBUBLIRED

Deine Lösung:

✎ _____

Frage 14:

Welches Wort kannst du aus den folgenden Buchstaben bilden?
ÖIKNG

Deine Lösung:

✎ _____

Frage 15:

Welches Wort kannst du aus den folgenden Buchstaben bilden?
HNAABTOU

Deine Lösung:

✎ _____

Frage 16:

Welches Wort kannst du aus den folgenden Buchstaben bilden?
UZG

Deine Lösung:

✎ _____

Frage 17:

Welches Wort kannst du aus den folgenden Buchstaben bilden?
BLNOAL

Deine Lösung:

✎ _____

Frage 18:

Welches Wort kannst du aus den folgenden Buchstaben bilden?
OLDG

Deine Lösung:

✎ _____

Frage 19:

Welches Wort kannst du aus den folgenden Buchstaben bilden?
ALBOKN

Deine Lösung:

✎ _____

Frage 20:

Welches Wort kannst du aus den folgenden Buchstaben bilden?
MEPLANCHIRMS

Deine Lösung:

✎ _____

Lösungen

Aufgabe 1:
Die richtige Antwort ist: Auto

Aufgabe 2:
Die richtige Antwort ist: Computer

Aufgabe 3:
Die richtige Antwort ist: Tradition

Aufgabe 4:
Die richtige Antwort ist: Sandkasten

Aufgabe 5:
Die richtige Antwort ist: Licht

Aufgabe 6:
Die richtige Antwort ist: Flugzeug

Aufgabe 7:
Die richtige Antwort ist: Pyramide

Aufgabe 8:
Die richtige Antwort ist: Kranführer

Aufgabe 9:
Die richtige Antwort ist: Baum

Aufgabe 10:
Die richtige Antwort ist: Frühstück

Aufgabe 11:
Die richtige Antwort ist: Wohung

TestHelden

Aufgabe 12:
Die richtige Antwort ist: Kalender

Aufgabe 13:
Die richtige Antwort ist: Bilderbuch

Aufgabe 14:
Die richtige Antwort ist: König

Aufgabe 15:
Die richtige Antwort ist: Autobahn

Aufgabe 16:
Die richtige Antwort ist: Zug

Aufgabe 17:
Die richtige Antwort ist: Ballon

Aufgabe 18:
Die richtige Antwort ist: Gold

Aufgabe 19:
Die richtige Antwort ist: Balkon

Aufgabe 20:
Die richtige Antwort ist: Lampenschirm

Selbsteinschätzung
Wörter ermitteln - Test

Auf dieser Seite kannst du deinen Lernfortschritt dokumentieren. Das hilft dir dabei, deinen Lernfortschritt zu reflektieren und ein Gefühl dafür zu bekommen, wie sicher du in diesem Themenbereich bereits bist.

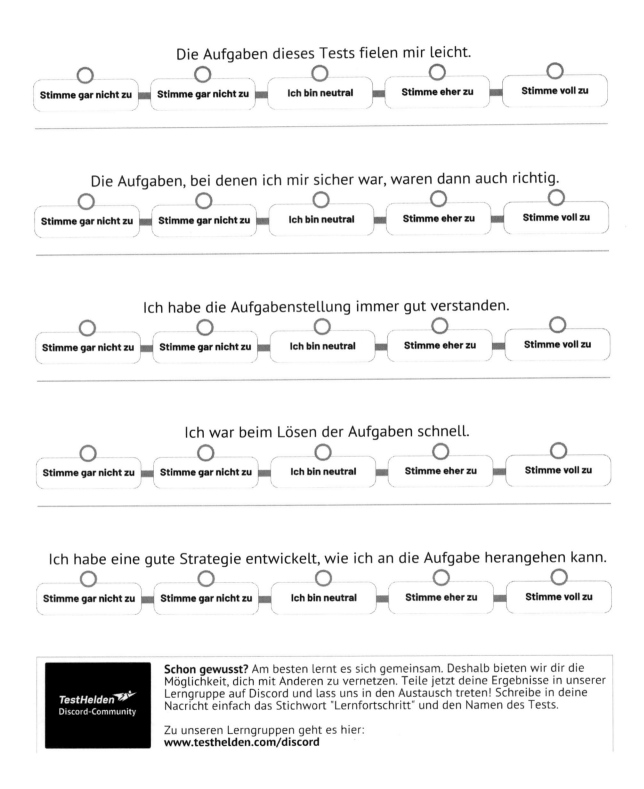

Schon gewusst? Am besten lernt es sich gemeinsam. Deshalb bieten wir dir die Möglichkeit, dich mit Anderen zu vernetzen. Teile jetzt deine Ergebnisse in unserer Lerngruppe auf Discord und lass uns in den Austausch treten! Schreibe in deine Nacricht einfach das Stichwort "Lernfortschritt" und den Namen des Tests.

Zu unseren Lerngruppen geht es hier:
www.testhelden.com/discord

Übung: Schlussfolgerungen

Darum geht es in dieser Übung: In diesem Themenbereich findest du Textaufgaben, aufgrund dessen du Schlussfolgerungen ziehen sollst. Dein Lernziel ist es, durch korrektes Lesen und logisches Denken die richtigen Schlussfolgerungen ziehen zu können.

> Tipp: Wie immer kannst du diese Seite hier nutzen, um dir einige Notizen zu machen. Du kannst zum Beispiel festhalten, welche Erwartungen du an den Test hast, was dir beim Üben aufgefallen ist oder was dir besonders schwer oder leicht gefallen ist.

🚀 Deine Notizen:

Aufgaben

Frage 1:

Alle Spanier essen Paella. Alle Spanier sind Europäer.

- ☐ A: Einige Europäer essen Paella.
- ☐ B: Alle Europäer sind Spanier.
- ☐ C: Kein Europäer ist Spanier.
- ☐ D: Alle Europäer essen Paella.

Frage 2:

Welches Fahrrad ist langsamer?
Fahrrad C ist schneller als Fahrrad A, aber langsamer als Fahrrad D. Fahrrad A ist schneller als Fahrrad B.

- ☐ A: Fahrrad A
- ☐ B: Fahrrad B
- ☐ C: Fahrrad C
- ☐ D: Fahrrad D

Frage 3:

Einige Zahlen sind Primzahlen. Primzahlen sind alle weiß.

- ☐ A: Alle Zahlen sind weiß.
- ☐ B: Einige weiße Zahlen sind Primzahlen.
- ☐ C: Alle weißen Zahlen sind Primzahlen.
- ☐ D: Zahlen sind entweder weiß oder schwarz.

Frage 4:

Welches Auto ist schneller?
Auto D ist schneller als Auto C, aber langsamer als Auto B. Auto A ist genauso schnell wie Auto D.

- ☐ A: Auto A
- ☐ B: Auto B
- ☐ C: Auto C
- ☐ D: Auto D

Frage 5:

Alle Pflanzen brauchen Sonnenlicht. Manche kommen jedoch mit kaum Wasser aus.

- ☐ A: Es gäbe keine Pflanzen ohne Sonnenlicht.
- ☐ B: Es gäbe keine Pflanzen ohne Ozeane.
- ☐ C: Es gäbe Pflanzen ohne Sonnenlicht.
- ☐ D: Es gibt Pflanzen, die ohne Sonnenlicht leben können.

Frage 6:

Alle Deutschen trinken Bier. Alle Deutschen sind Europäer.

- ☐ A: Einige Deutsche trinken Bier.
- ☐ B: Alle Europäer trinken Bier.
- ☐ C: Einige Europäer trinken Bier.
- ☐ D: Kein Europäer trinkt Bier.

Frage 7:

Welche Schlussfolgerung ist logisch richtig, wenn folgende Behauptung gestellt wird: "Wenn Tulpen orange sind, dann blühen sie. Wenn sie blühen, ist es Herbst. Die Tulpen sind orange, also ..."

- ☐ A: ist es nicht Herbst, wenn die Tulpen nicht orange sind.
- ☐ B: ist es nicht Herbst.
- ☐ C: ist es Winter.
- ☐ D: ist es Herbst, wenn sie orange sind.

Frage 8:

Die Pizza kommt aus Neapel. Neapel liegt in Italien.

- ☐ A: Alle Italiener kommen aus Neapel.
- ☐ B: Neapel ist die Hauptstadt von Italien.
- ☐ C: Einige Italiener essen Pizza.
- ☐ D: Niemand isst Pizza.

Frage 9:

Welche Schlussfolgerung ist logisch richtig, wenn folgende Behauptung gestellt wird: "Im Sommer werden gekühlte Getränke ausgegeben. An heißen Tagen sind diese sogar kostenlos. Also ..."

- ☐ A: Gekühlte Getränke werden nur an heißen Tagen verschenkt.
- ☐ B: Gekühlte Getränke werden nie verschenkt.
- ☐ C: Gekühlte Getränke werden nur an Sommertagen verschenkt.
- ☐ D: Gekühlte Getränke werden nur an heißen Sommertagen verschenkt.

Frage 10:

Wer hat das Turnier gewonnen?
Paula und Eva haben Tennis gespielt.
Maxi hat Eva, Julia und Paula geschlagen.
Rosa hat gegen Maxi verloren, aber dafür gegen Eva und Julia gewonnen.
Paula hat gegen Eva und Rosa gewonnen.
Julia hat gegen Rosa verloren.

- ☐ A: Maxi
- ☐ B: Rosa
- ☐ C: Eva
- ☐ D: Paula

Frage 11:

Welche Schlussfolgerung ist logisch richtig, wenn folgende Behauptung gestellt wird: "Im Herbst werden nur montags Tannenbäume verschenkt. Montags ist es immer kalt. Also ..."

- ☐ A: werden im Herbst montags, wenn es kalt ist, Tannenbäume verschenkt.
- ☐ B: werden jeden Montag Tannenbäume verschenkt.
- ☐ C: werden wenn es kalt ist Tannenbäume verschenkt.
- ☐ D: werden Tannenbäume nur im Herbst verschenkt.

Frage 12:

Welches Fahrrad ist am schnellsten?
Fahrrad C ist schneller als Fahrrad A, aber langsamer als Fahrrad D. Fahrrad A ist schneller als Fahrrad B.

- ☐ A: Fahrrad A
- ☐ B: Fahrrad B
- ☐ C: Fahrrad C
- ☐ D: Fahrrad D

Frage 13:

Welches Schiff ist am schnellsten?
Schiff C ist am schnellsten. Schiff B ist viel schneller als Schiff A, aber Schiff D ist genauso schnell wie Schiff B.

- ☐ A: Schiff A
- ☐ B: Schiff B
- ☐ C: Schiff C
- ☐ D: Schiff D

Frage 14:

Einige Tiere sind Säugetiere. Alle Säugetiere sind rot.

- ☐ A: Alle Tiere sind rot.
- ☐ B: Keines der Tiere ist rot.
- ☐ C: Einige Tiere sind rot.
- ☐ D: Einige Tiere sind schwarz.

Frage 15:

Alle Schweizer essen Schokolade. Die Schweiz ist ein Land in Europa.

- ☐ A: Alle Europäer essen Schokolade.
- ☐ B: Einige Europäer essen Schokolade.
- ☐ C: Alle Europäer sind Schweizer.
- ☐ D: Keiner isst gern Schokolade.

Frage 16:

Welche Schlussfolgerung ist logisch richtig, wenn folgende Behauptung gestellt wird: "Schlechte Schüler bekommen schlechte Noten oder Strafarbeit. Klaus ist ein guter Schüler, also ..."

- ☐ A: bekommt er Strafarbeit.
- ☐ B: bekommt er gute Noten.
- ☐ C: bekommt er keine schlechten Noten und keine Strafarbeit.
- ☐ D: bekommt er schlechte Noten.

Frage 17:

Ralf ist nicht der schnellste Hund, wenn es um die Wurst geht. Wuffi und Baldi sind gleich schnell. Riko ist schneller als Baldi, aber doch langsamer als Fluffi. Rambo ist langsamer als Wuffi, aber bedeutend schneller als Henry. Ralf ist schneller als Riko, und Henry ist ein guter Futterverwerter. Welcher Hund kriegt die Wurst (am schnellsten)?

- ☐ A: Fluffi
- ☐ B: Wuffi
- ☐ C: Ralf
- ☐ D: Riko

Frage 18:

Alle Maschinen bestehen aus Schrauben. Manche Maschinen bestehen aus Schrauben und Muttern.

- ☐ A: Alle Maschinen bestehen aus Schrauben und Muttern.
- ☐ B: Keine Maschinen besteht aus Muttern.
- ☐ C: Keine Maschinen besteht aus Schrauben.
- ☐ D: Alle Maschinen bestehen aus Schrauben.

Frage 19:

Welche Schlussfolgerung ist logisch richtig, wenn folgende Behauptung gestellt wird: "Im Winter ist die Rodelbahn offen. Montags kostet der Glühwein am Stand bei der Rodelbahn nur 3 Euro. Also ..."

- ☐ A: kostet der Glühwein an der Rodelbahn nur 3 Euro.
- ☐ B: kostet der Glühwein montags nur 3 Euro.
- ☐ C: kostet der Glühwein montags an der Rodelbahn nur 3 Euro.
- ☐ D: Es gibt montags kostenlos Glühwein.

Frage 20:

Welche Schlussfolgerung ist logisch richtig, wenn folgende Behauptung gestellt wird: "Der Stausee hat immer dienstags geöffnet. Einmal im Monat hat der Stausee auch sonntags geöffnet. Also ..."

- ☐ A: Der Stausee hat immer geöffnet.
- ☐ B: Der Stausee hat einmal im Monat dienstags geöffnet.
- ☐ C: Der Stausee hat oft sonntags geöffnet.
- ☐ D: Der Stausee hat einmal im Monat sonntags geöffnet.

Lösungen

Aufgabe 1:

Korrekt ist hier A.

Aufgabe 2:

Korrekt ist hier B.

Aufgabe 3:

Korrekt ist hier B.

Aufgabe 4:

Korrekt ist hier B.

Aufgabe 5:

Korrekt ist hier A.

Aufgabe 6:

Korrekt ist hier C.

Aufgabe 7:

Korrekt ist hier D.

Aufgabe 8:

Korrekt ist hier C.

Aufgabe 9:

Korrekt ist hier D.

Aufgabe 10:

Korrekt ist hier A.

Aufgabe 11:

Korrekt ist hier A.

Aufgabe 12:

Korrekt ist hier D.

Aufgabe 13:

Korrekt ist hier C.

Aufgabe 14:

Korrekt ist hier C.

Aufgabe 15:

Korrekt ist hier B.

Aufgabe 16:

Korrekt ist hier C.

Aufgabe 17:

Korrekt ist hier A. Henry und Rambo belegen die zwei letzten Plätze. Wuffi und Baldi kommen anschließend, da sie gleich schnell sind. Ralf ist schneller als Riko aber nicht der schnellste Hund, also bekommt Fluffi die Wurst.

Aufgabe 18:

Korrekt ist hier D.

Aufgabe 19:

Korrekt ist hier C.

Aufgabe 20:

Korrekt ist hier D.

Selbsteinschätzung
Schlussfolgerungen - Test

Auf dieser Seite kannst du deinen Lernfortschritt dokumentieren. Das hilft dir dabei, deinen Lernfortschritt zu reflektieren und ein Gefühl dafür zu bekommen, wie sicher du in diesem Themenbereich bereits bist.

Die Aufgaben dieses Tests fielen mir leicht.

○ Stimme gar nicht zu — ○ Stimme gar nicht zu — ○ Ich bin neutral — ○ Stimme eher zu — ○ Stimme voll zu

Die Aufgaben, bei denen ich mir sicher war, waren dann auch richtig.

○ Stimme gar nicht zu — ○ Stimme gar nicht zu — ○ Ich bin neutral — ○ Stimme eher zu — ○ Stimme voll zu

Ich habe die Aufgabenstellung immer gut verstanden.

○ Stimme gar nicht zu — ○ Stimme gar nicht zu — ○ Ich bin neutral — ○ Stimme eher zu — ○ Stimme voll zu

Ich war beim Lösen der Aufgaben schnell.

○ Stimme gar nicht zu — ○ Stimme gar nicht zu — ○ Ich bin neutral — ○ Stimme eher zu — ○ Stimme voll zu

Ich habe eine gute Strategie entwickelt, wie ich an die Aufgabe herangehen kann.

○ Stimme gar nicht zu — ○ Stimme gar nicht zu — ○ Ich bin neutral — ○ Stimme eher zu — ○ Stimme voll zu

TestHelden Discord-Community

Schon gewusst? Am besten lernt es sich gemeinsam. Deshalb bieten wir dir die Möglichkeit, dich mit Anderen zu vernetzen. Teile jetzt deine Ergebnisse in unserer Lerngruppe auf Discord und lass uns in den Austausch treten! Schreibe in deine Nacricht einfach das Stichwort "Lernfortschritt" und den Namen des Tests.

Zu unseren Lerngruppen geht es hier:
www.testhelden.com/discord

Übung: Zahnrad

Darum geht es in dieser Übung: In diesem Themenbereich findest du verschiedenen Zahnradaufgaben. Dein Lernziel ist es, dir ein räumliches bzw. abstraktes, logisches Denken anzueignen.

> Tipp: Wie immer kannst du diese Seite hier nutzen, um dir einige Notizen zu machen. Du kannst zum Beispiel festhalten, welche Erwartungen du an den Test hast, was dir beim Üben aufgefallen ist oder was dir besonders schwer oder leicht gefallen ist.

🚀 Deine Notizen:

Aufgaben

Frage 1:

In welche Richtung dreht sich das markierte Zahnrad?

A: entgegen dem Uhrzeigersinn

B: gar nicht

C: im Uhrzeigersinn

Frage 2:

In welche Richtung dreht sich das markierte Zahnrad?

A: entgegen dem Uhrzeigersinn

B: gar nicht

C: im Uhrzeigersinn

Frage 3:

In welche Richtung dreht sich das markierte Zahnrad?

A: entgegen dem Uhrzeigersinn

B: gar nicht

C: im Uhrzeigersinn

Frage 4:

In welche Richtung dreht sich das markierte Zahnrad?

A: entgegen dem Uhrzeigersinn

B: gar nicht

C: im Uhrzeigersinn

Frage 5:

In welche Richtung dreht sich das markierte Zahnrad?

A: entgegen dem Uhrzeigersinn

B: gar nicht

C: im Uhrzeigersinn

Frage 6:

In welche Richtung dreht sich das markierte Zahnrad?

A: entgegen dem Uhrzeigersinn

B: gar nicht

C: im Uhrzeigersinn

Frage 7:

In welche Richtung dreht sich das markierte Zahnrad?

A: entgegen dem Uhrzeigersinn

B: gar nicht

C: im Uhrzeigersinn

Frage 8:

In welche Richtung dreht sich das markierte Zahnrad?

A: entgegen dem Uhrzeigersinn

B: gar nicht

C: im Uhrzeigersinn

Frage 9:

In welche Richtung dreht sich das markierte Zahnrad?

A: entgegen dem Uhrzeigersinn

B: gar nicht

C: im Uhrzeigersinn

Frage 10:

In welche Richtung dreht sich das markierte Zahnrad?

A: entgegen dem Uhrzeigersinn

B: gar nicht

C: im Uhrzeigersinn

Frage 11:

In welche Richtung dreht sich das markierte Zahnrad?

A: entgegen dem Uhrzeigersinn

B: gar nicht

C: im Uhrzeigersinn

Frage 12:

In welche Richtung dreht sich das markierte Zahnrad?

A: entgegen dem Uhrzeigersinn

B: gar nicht

C: im Uhrzeigersinn

Frage 13:

In welche Richtung dreht sich das markierte Zahnrad?

A: entgegen dem Uhrzeigersinn

B: gar nicht

C: im Uhrzeigersinn

Frage 14:

In welche Richtung dreht sich das markierte Zahnrad?

A: entgegen dem Uhrzeigersinn

B: gar nicht

C: im Uhrzeigersinn

Frage 15:

In welche Richtung dreht sich das markierte Zahnrad?

A: entgegen dem Uhrzeigersinn

B: gar nicht

C: im Uhrzeigersinn

Frage 16:

In welche Richtung dreht sich das markierte Zahnrad?

A: entgegen dem Uhrzeigersinn

B: gar nicht

C: im Uhrzeigersinn

Frage 17:

In welche Richtung dreht sich das markierte Zahnrad?

A: entgegen dem Uhrzeigersinn

B: gar nicht

C: im Uhrzeigersinn

Frage 18:

In welche Richtung dreht sich das markierte Zahnrad?

A: entgegen dem Uhrzeigersinn

B: gar nicht

C: im Uhrzeigersinn

Frage 19:

In welche Richtung dreht sich das markierte Zahnrad?

A: entgegen dem Uhrzeigersinn

B: gar nicht

C: im Uhrzeigersinn

Frage 20:

In welche Richtung dreht sich das markierte Zahnrad?

A: entgegen dem Uhrzeigersinn

B: gar nicht

C: im Uhrzeigersinn

Lösungen

Aufgabe 1:

Korrekt ist hier C.

Aufgabe 2:

Korrekt ist hier C.

Aufgabe 3:

Korrekt ist hier C.

Aufgabe 4:

Korrekt ist hier A.

Aufgabe 5:

Korrekt ist hier A.

Aufgabe 6:

Korrekt ist hier C.

Aufgabe 7:

Korrekt ist hier A.

Aufgabe 8:

Korrekt ist hier A.

Aufgabe 9:

Korrekt ist hier C.

Aufgabe 10:

Korrekt ist hier C.

Aufgabe 11:

Korrekt ist hier A.

Aufgabe 12:

Korrekt ist hier A.

Aufgabe 13:

Korrekt ist hier C.

Aufgabe 14:

Korrekt ist hier C.

Aufgabe 15:

Korrekt ist hier C.

Aufgabe 16:

Korrekt ist hier C.

Aufgabe 17:

Korrekt ist hier C.

Aufgabe 18:

Korrekt ist hier C.

Aufgabe 19:

Korrekt ist hier C.

Aufgabe 20:

Korrekt ist hier A.

Selbsteinschätzung
Zahnrad - Test

Auf dieser Seite kannst du deinen Lernfortschritt dokumentieren. Das hilft dir dabei, deinen Lernfortschritt zu reflektieren und ein Gefühl dafür zu bekommen, wie sicher du in diesem Themenbereich bereits bist.

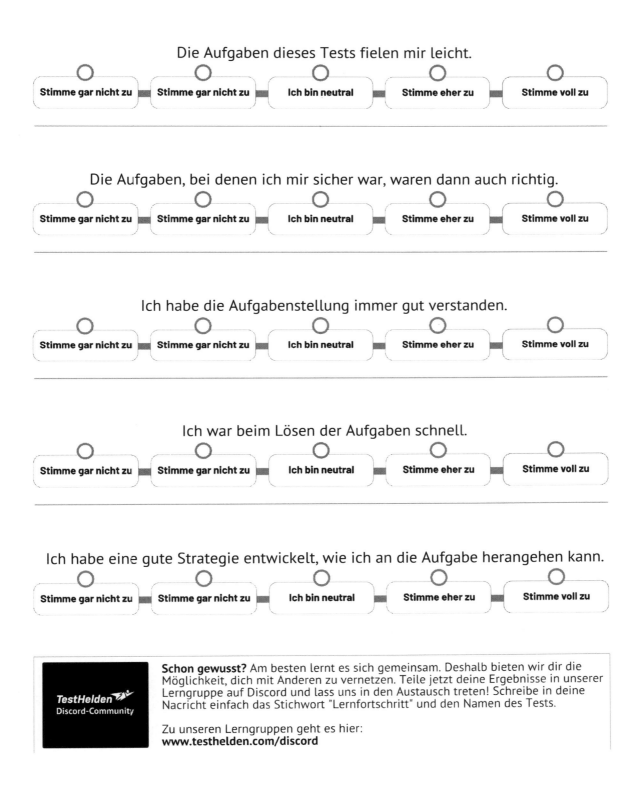

Schon gewusst? Am besten lernt es sich gemeinsam. Deshalb bieten wir dir die Möglichkeit, dich mit Anderen zu vernetzen. Teile jetzt deine Ergebnisse in unserer Lerngruppe auf Discord und lass uns in den Austausch treten! Schreibe in deine Nacricht einfach das Stichwort "Lernfortschritt" und den Namen des Tests.

Zu unseren Lerngruppen geht es hier:
www.testhelden.com/discord

So schaltest du deinen Online-Testtrainer frei

Wir von TestHelden versuchen dich so umfangreich wie möglich vorzubereiten. Neben diesem Trainer wollen wir dir natürlich auch digital und ganz individuell weiterhelfen! Und genau dafür haben wir unsere Online-Trainer. Die Freischaltung deines ganz persönlichen TestHelden-Trainers erkläre ich dir jetzt:

Du erhältst von uns einen Gutscheincode. Dieser ist für alle Produktgrößen einlösbar. Anschließend kannst du dir den Umfang deines Online-Testtrainers heraussuchen.

Dein Gutscheincode lautet:

KDPTT-45

Gutscheinwert:

45 EURO

Deinen persönlichen Kurs findest du unter:
https://testhelden.com/produkt/polizei-oesterreich-einstellungstest/

Wichtig: Gehe in deinem Browser auf den oben stehenden Link. Dort findest du unseren Online-Testtrainer mit allen verfügbaren Varianten und Umfängen. Das vorausgewählte Komplettpaket ist mit Eingabe deines Gutschein-Codes komplett kostenfrei. Du hast auch die Möglichkeit, vergünstigt ein größeres Paket mit weiteren Inhalten, Aufgaben und Übungen zu erwerben. Eine genaue Übersicht vom Umfang erhältst du mit Klick auf das jeweilige Paket. Wähle anschließend das für dich am besten geeignete Komplettpaket aus und klicke auf „Freischalten". Danach kannst du oben in der Kasse den Gutscheincode eingeben und der Gutscheinbetrag wird von deinem Kaufbetrag abgezogen. So kommst du richtig günstig an ein hochwertiges Paket. Klingt gut, oder?

Gib nun deine E-Mail-Adresse, Vor- und Nachname an und lege dein Passwort fest. Mit Klick auf „Bestellen" erfolgt direkt die Freischaltung und du bist auf unserer Lernplattform angemeldet.
Deine Lerninhalte findest du in deinem Profil unter „Meine Kurse". Nach der erfolgreichen Aktivierung deines Online-Trainers erhältst du von uns weitere Informationen zum Funktionsumfang und zur Bedienung via Mail.

Achtung: Dein festgelegtes Passwort und die hinterlegte E-Mail-Adresse sind auch deine Zugangsdaten zu unserer TestHelden-App. Diese findest du im App-Store und im Google Play-Store, wenn du ganz einfach nach „TestHelden" suchst.

TestHelden

Printed in Poland
by Amazon Fulfillment
Poland Sp. z o.o., Wrocław